AF281946

Imagine Life! Potenziale erkennen - Visionen leben

SÉLAN

Imagine Life!

Potenziale erkennen -

Visionen leben

Bewusstseins-Energetik im Alltag

Herstellung:
Books on Demand, Norderstedt

Covergestaltung:
Patrick Puleo, Schwabach

ISBN: 3 - 8311 - 3985 - 7

Mit großem Respekt und voller Dankbarkeit
möchte ich dieses Buch meiner Freundin,
Partnerin und Geliebten Beatrice Bartsch widmen.

Sie erinnerte mich an den Fluss des Lebens.

So kam es zur Bewusstseins-Energetik.

Inhaltsverzeichnis

Vorwort

Wie viele Menschen haben sich bereits über die Grundzüge des Menschen und des menschlichen Geistes Gedanken gemacht, und diese Gedanken in Form eines Buches veröffentlicht?

In vielen dieser Bücher erkennt man im Autoren einen Analytiker, in anderen einen Wissenschaftler, in wieder anderen einfach einen Menschenfreund. Da aber die Botschaft letztlich vom Empfänger abhängt, nicht vom Sender, entscheidet die Sichtweise des jeweiligen Betrachters.
Entsprechend dessen Erfahrungswerten werden sich die Eindrücke manifestieren.

Das vorliegende Buch hat nicht den Anspruch, zu analysieren. Es ist auch nicht geschrieben worden, um eine wissenschaftliche Arbeit vorzulegen. Die Beschäftigung mit verschiedenen Wissenschaften stellt für mich dennoch eine fundamentale Notwendigkeit dar, wobei ich Sie, liebe Leser, darum bitten möchte, das Wort Wissenschaft mit Bedacht anzunehmen.
Kaum ein Wort ist in den letzten 20 Jahren so häufig missbraucht worden. Es gibt in den unterschiedlichen wissenschaftlichen Fachrichtungen nur wenige Menschen, die über ihre eigene Fachrichtung hinaus mehr als ein rudimentäres Wissen in Bezug auf andere

Fachrichtungen besitzen. Viel mehr ist es so, dass jeder Wissenschaftler nur einen geringen Bruchteil des gesamten Umfangs wissenschaftlicher Bemühungen versteht. Wie könnte es auch anders sein, da es doch mittlerweile Hunderte von wissenschaftlichen Richtungen gibt, aus denen wiederum Hunderte von weiteren Richtungen entstehen, also wissenschaftliche Kulturen und Subkulturen, mit den unterschiedlichsten ethischen Ansprüchen?!
Daher gibt es auch keine wissenschaftliche Ansicht eines Problems. Was es gibt, sind Ansichten von Wissenschaftlern bezüglich eines Problems.

Eines aber finde ich besonders bemerkenswert: Je mehr Zusammenhänge der einzelne Wissenschaftler definitiv begriffen hat, desto stärker wird sein Bewusstsein der eigenen Unkenntnis. Und nur das bringt ihn wirklich weiter.
Meine persönliche Auseinandersetzung mit den Wissenschaften dient also nicht dazu, Erkenntnisse zu finden, sondern ausschließlich dazu, auf dem Weg zur Erkenntnis Orientierungspunkte zu setzen.

Erlauben Sie mir noch eine kleine Anmerkung: Ich habe weder die Absicht, nur angenehmen Dinge zu formulieren, noch die, nur konfrontierende Tatsachen niederzuschreiben. Möglicherweise werden aber einige meiner Aussagen als konfrontierend empfunden, und mein Buch aufgrunddessen dem einen oder anderen Leser nicht besonders freundlich erscheinen (auch hier ist letztendlich die Sichtweise entscheidend). Worum es mir in jeder Zeile geht, ist eine offene und ehrliche Auseinandersetzung mit dem

Leben. Denn mein Hauptanliegen beim Schreiben dieses Buches ist es, ein Bewusstsein dafür zu wecken, dass eine Einflussnahme auf alle Geschehnisse des Lebens möglich ist - und zwar sowohl was Reaktionen, als auch was Aktionen betrifft - und dass jeder Mensch für alles, was er tut und lässt, früher oder später die Verantwortung übernehmen muss.

Natürlich, und das bringt dieser Anspruch mit sich, ist es auch eine persönliche Auseinandersetzung, aufgrund persönlicher Erfahrungen. Und deswegen ist nicht von irgendwelchen Möglichkeiten in der Theorie die Rede, von sogenannten Zufällen oder Eventualitäten, sondern von Wegen und Möglichkeiten der Umsetzung dieses Bewusstseins. Diesem Punkt werde ich im Laufe der Kapitel entsprechende Aufmerksamkeit widmen.

Es gibt immer eine Alternative!

Wir leben in einer Zeit, in der die Welt von immer neuen Katastrophen heimgesucht wird. Die dadurch ent-stehenden Spannungen, die fast alle Bereiche der modernen Zivilisation durchdringen, scheinen unterschiedliche Ursachen zu haben. Doch sind sie wirklich so unterschiedlich? Woher kommen sie? Wer ist dafür verantwortlich?
Welchen Einfluss nehmen diese Ursachen auf unser gesellschaftliches und auf unser individuelles Leben?
Sind wir vielleicht doch alle nur potenzielle Opfer?
Bei diesen und daraus resultierenden Fragen fiel mir ein Phänomen immer wieder auf: Gegenüber dem be-

merkenswerten Fortschritt in Wissenschaft und Technik scheint es einen zunehmenden Verfall geistiger und ethischer Werte zu geben. Aber auch hierfür gibt es Ursachen. Ich meine erkannt zu haben, dass viel zu viele Menschen viel zu schnell aufgeben. Egal, worum es geht.

Wir alle definieren uns im Grunde über die Evolution. Dies gilt sowohl menschheitsgeschichtlich, als auch bio-logisch. Sobald es aber darum geht, auf der individuellen Ebene eine Evolution, also eine allmählich fort-schreitende Entwicklung, zu initiieren oder auch nur zuzulassen, dann werden wir von Ängsten und Zweifeln eingeholt. Nur dürfen wir das nicht zugeben, weil uns derartige Gefühle als Schwäche ausgelegt werden könnten, und wir dann möglicherweise gleich einen Psychologen oder Psychiater empfohlen bekommen...

An dieser Stelle möchte ich eine Brücke schlagen zu den Kindern in unserer Gesellschaft. Es gibt gegenwärtig ernst zu nehmende Studien, die besagen, dass etwa jede fünfte(!) Kinderseele krank ist! Von schweren(!) psychischen Schäden ist die Rede. Auch wenn man jedem dieser Kinder die dringend benötigte Hilfe zukommen lassen wollte, wären die circa 15.000 hierzulande ambulant ansässigen Psychotherapeuten und Psychiater völlig überfordert. In Deutschland und den USA werden immer mehr Kleinkinder aufgrund der Diagnose *Attention Deficit Hyperactivity Disorder (ADHD)*, die deutsche Diagnose lautet *Psychisch bedingte Hyperaktivität und Konzentrationsschwäche,* mit Psychopharmaka behandelt. Diese Behandlung mit Psychopharmaka wird durchgeführt, obwohl man bisher viel zu wenig über das Entwicklungsstadium des Gehirns im Kindesalter weiß, Langzeitauswirkungen der verabreichten Medikamente können nicht abgesehen werden. Nebenwirkungen wie Schlafstörungen und Kopfschmerzen, die direkt auftreten können, werden in Kauf genommen.

Warum schlage ich diese Brücke?
Weil diese Zahlen das erschütternde Ausmaß der Angst aufzeigen, die die Menschen in unserer sogenannten Zivilisation inzwischen durchdrungen hat, und deren Auswirkungen längst bei den Unschuldigsten angelangt ist, bei unseren Kindern...
Aber auch aufgrund meiner Überzeugung, dass es immer auch ein anderes Ufer gibt. Und dieses Ufer - lassen Sie es uns einfach Alternative nennen - befindet sich in jedem Falle in unserem Bewusstsein. So besagen beispielsweise Ergebnisse von Langzeitstudien, dass sich die Prognosen von psychisch labilen und zu Depressionen neigenden Menschen durch das Training von Ruhe und Gelassenheit eindeutig um ein Vielfaches verbessern. Das Gleiche gilt für herzinfarkt- und schlaganfallgefährdete Patienten.

Um zu dieser Alternative zu finden, bedarf es aber der Bereitschaft, sie auch wirklich finden zu wollen. Ohne Wenn und Aber. Und hier kann gezieltes Training ein Schlüssel zum Erfolg sein.
Im Sport geht man wie selbstverständlich davon aus, dass es ohne Training nicht zu Spitzenleistungen kommen kann. Dieser Gedanke ist es meiner Meinung nach wert, auch jenseits sportlicher Aktivitäten mehr

beachtet zu werden. Denn die in den folgenden Kapiteln angesprochenen Themen, werden Ihnen, lieber Leser, nicht fremd sein. Vielleicht denken Sie sogar: „Das weiß ich doch schon lange!". Gehen Sie bitte an diesem Punkt gedanklich weiter und fragen Sie sich: "Was habe ich bisher aus diesem Wissen gemacht, was resultiert für mich persönlich daraus?"

An dieser Stelle zeigt sich vielleicht, dass das Leben für Sie bisher in mancher Hinsicht eine Schulung war, aber mit welcher Konsequenz? Für die meisten Menschen stellt es sich so dar, dass sie zwar am Leben teilgenommen haben, die Wissensvermittlung des Lebens auf unterschiedlichen Ebenen auch angenommen haben - aber ohne Interaktion, also ohne konsequente Umsetzung für ihr eigenes Tun und Handeln.

Demgegenüber steht die Alternative des Trainings. Denn das Ergebnis eines guten Trainings, so wie ich es verstehe, ist eine Kombination aus Wissen und der Motivation, das Gelernte zu aktivieren und in den Lebenslauf zu integrieren. Es geht nie darum, etwas nur zu lesen oder zu studieren, sondern darum, das Gelesene als Grundlage dafür zu nehmen, sich selbst wirklich zu hinterfragen.

Aufgrund dieser Gedanken habe ich in den folgenden Kapiteln versucht, zur Auseinandersetzung mit den angesprochenen Themen anzuregen, mit Beispielen, mit bildhafter Sprache und - mit bisweilen konfrontierenden Aussagen. Denn einzig die ehrliche Auseinandersetzung mit einem Thema - worum es auch geht - ist die Grundlage eines erfolgreichen Trainings.

Des weiteren werden Sie im Laufe der Kapitel immer wieder Empfehlungen finden, die in den unterschiedlichsten Lebenssituationen hilfreich sein können. Auch hierbei ging es mir um den Gedanken des Trainings, des Trainings im Geiste...

Von der englischen Kinderbuchautorin Joan Walsh Anglund stammt folgende Aussage:

„Ein Vogel singt nicht, weil er eine Antwort weiß. Er singt, weil er ein Lied kennt.“

Doch vielleicht ist genau dieses Lied die Antwort auf alle Ihre Fragen. Vielleicht sehen Sie auch nur einen Vogel, und beneiden ihn um seine Fähigkeit, zu fliegen. Wir Menschen haben unsere Flügel in unseren Köpfen. Wir können sie entfalten, und sie dann gebrauchen. Wir können sie aber auch regelmäßig stutzen. Dies geschieht durch Nichtgebrauch. Ebenfalls in unseren Köpfen. Welche dieser beiden Möglichkeiten Ihnen, lieber Leser, vertrauter vorkommen mag, weiß ich nicht.

Was ich aber sicher weiß ist, dass Ihre Wahl unmittelbaren Einfluss auf Ihr Leben hat.

Es ist mir wichtig, zu erwähnen, dass ich Ihnen nicht vermitteln werde, Sie könnten alles, was Sie wollen, wenn Sie es nur wirklich wollten. Das, was ich Ihnen vermitteln möchte ist, dass Sie *etwas* können.

Lernen Sie sich kennen, beobachten Sie sich, erkennen Sie dieses Etwas und praktizieren Sie es. Stellen Sie sich die Frage, ob Sie ein Ziel haben, das Sie inspiriert, oder eine Vision, für die Sie leben.

Nehmen Sie sich Zeit, diese Frage zu beantworten. Ich bin sicher, Sie werden eine Antwort bekommen.

Vielleicht begegnet Ihnen ein Vogel...

Viel Spaß beim Lesen!

Einleitung

**Glück ist, wenn Deine Gedanken,
Deine Worte und Dein Tun
im Einklang sind.**

Mohandas Ghandi
Ind. Staatsmann

Erfolg ist der Weg, nicht das Ziel. Um ein glückliches
Leben zu führen, müssen Sie nicht erst erfolgreich
werden - Sie *sind* bereits erfolgreich. Und Sie haben
in jedem Moment die Möglichkeit, ein glückliches
Leben zu führen. Nehmen wir an, Sie wären soeben
auf einem reichlich ungemütlichen Nachtlager unter
einer Brücke erwacht, und Ihnen würde das gerade
Beschriebene in vollem Umfang plötzlich bewusst...,
Sie würden als neuer Mensch aufstehen und Ihr Glück
annehmen. In diesem Bewusstseins-Wechsel liegen
alle Möglichkeiten. Und durch diese Möglichkeiten
bestimmen Sie individuell das Ziel Ihres erfolgreichen
Weges.

Genau hiermit befasst sich die Bewusstseins-
Energetik. Sie ist eine Art, das Leben zu betrachten
und zu leben, die die Rolle des Bewusstseins in jeder
Lebenslage stark mit einbezieht. Die Bewusstseins-
Energetik befasst sich mit den Grundlagen des

Lebens, die zwar mit Äußerlichkeiten nichts zu tun haben, sich jedoch im Äußeren spiegeln. Kurz gesagt, geht es um innere Vorgänge und ihre Auswirkungen auf das äußerliche Leben.

Und genau diese Zusammenhänge möchte ich in diesem Buch beschreiben.

Das Wort Bewusstseins-Energetik setzt sich zusammen aus den Komponenten Bewusstsein und Energetik. Die Energetik ist eine philosophische Lehre, die die Energie als allen Dingen zugrunde liegende Kraft beschreibt. Diese Ansicht wurde Anfang des 19ten Jahrhunderts von Wilhelm Ostwald begründet, seines Zeichens Chemie-Nobelpreisträger und Philosoph. Als eine Konsequenz dieser Lehre formulierte er den „energetischen Imperativ", der mittlerweile in der ganzen Welt bekannt ist: „Verschwende keine Energie, verwerte sie"!

Wenn man das Wort *Energie* als Antriebskraft im Wollen, Denken und Handeln definiert, so liegt es an jedem Einzelnen, diese Antriebskraft im eigenen *Bewusstsein* auf Erfolg auszurichten. Aufgrund dieser Überlegungen, denen entsprechende persönliche Erfahrungen vorausgingen, erschien mir die Bezeichnung „Bewusstseins-Energetik" für die Betrachtung des Lebens aus diesem Blickwinkel passend.

Natürlich habe ich damit das Rad nicht neu erfunden. Die Bewusstseins-Energetik ist sozusagen alter Wein in neuen Schläuchen. Sie befasst sich in jeder Situation - auch, und insbesondere in Situationen, die Konflikte zu bergen scheinen - mit den

Hintergründen. Das heißt, sie hinterfragt und achtet dabei stets genau darauf, dass Ursachen und Wirkungen nicht verwechselt werden.

Sie fordert zur Erfahrung und bewussten Vergegenwärtigung innerer und äußerer Vorgänge sowie deren Zusammenhänge auf. Denn Konflikte, welcher Art auch immer, können nur entstehen, wenn es einen Widerspruch zwischen diesen beiden Bereichen gibt. Ziel der Bewusstseins-Energetik ist die Auflösung, beziehungsweise das frühzeitige Erkennen solcher Widersprüche. Und indem dann mit der Kraft eines auf Erfolg ausgerichteten Bewusstseins vorgegangen wird, wird ein enormes Potenzial aktiviert, das ansonsten zu einem großen Teil ungenutzt bleibt.

Unter dem Aspekt der Leistung betrachtet, kann die Bewusstseins-Energetik als wirkungsvolle Methode zur Steigerung der persönlichen Leistungsfähigkeit in allen vorstellbaren Bereichen definiert werden. Diese Leistungsfähigkeit erwächst aus einem unbedingten Glücksempfinden - nicht umgekehrt. Denn Glück ist die Voraussetzung für Leistung, im Gegensatz zur allgemein üblichen Annahme, Leistung mache glücklich.

Dieser Punkt ist wesentlich, denn an diesem Punkt entscheidet sich nicht nur der Umgang mit dem Thema Leistung, sondern auch der mit dem Thema Verantwortung.

Das Nicht-Übernehmen von Verantwortung auf allen Ebenen der Gesellschaft ist sicherlich eines der Hauptübel unserer Zeit. Nur wer aus seiner eigenen

Mitte heraus Glück empfindet und daraus seine Kraft schöpft, ist in der Lage, wirklich Verantwortung zu übernehmen. Jede andere Grundlage lässt Verantwortung unausweichlich als Last oder Bürde erscheinen. Daher erscheint mir die Auseinandersetzung mit der Frage nach der Quelle von wirklichem Glück, der ich mich in diesem Buch auch widme, von so großer Bedeutung.

Was das Potenzial betrifft, von dem im Untertitel des Buches die Rede ist, so resultiert es letztendlich aus der Fähigkeit, auf Energien zuzugreifen. Zum Beispiel werden heutzutage die Ergebnisse von Profi-Sportlern wie selbstverständlich mit deren mentaler Verfassung erklärt. Man spricht von „Blockaden im Kopf", von „Angstgegnern" oder auf der anderen Seite von „fast über-menschlichen Leistungen", von „sensationellen Ergebnissen". Es wird im negativen Sinne von nicht vorhandenen Energien gesprochen, die den Zugriff auf diese Potenziale vereitelt haben. Oder, im positiven Sinne, von Energien im Überfluss, und freigesetzten Potenzialen. Dies ist nur exemplarisch. Die grundsätzliche Frage scheint mir in erster Linie Folgende zu sein: Woher kommen diese Energien, woher kommen diese Potenziale?

Höchstwahrscheinlich wird es nie jemand hundertprozentig wissen. Wobei sich hier natürlich die nächste Frage geradezu aufdrängt, und zwar jene, wann man von „Wissen" reden kann?!
In der Wissenschaft geht man davon aus, dass letztendlich alles Energie ist. Alles, was wir sehen, fühlen, hören, alles, was wir empfinden, beruht auf Energie.

Eine der wesentlichsten Aussagen in der Physik besagt, dass Energie erhalten bleibt. Energie „machen" kann niemand - sie kann nicht aus dem Nichts erschaffen werden. Vorhandene Energien aber werden beständig umgewandelt. Daher gibt es eine Menge unterschiedlicher Energieformen. So wird beim Fahrradfahren die chemische Energie im Muskel zu Bewegungsenergie, und durch den Dynamo zur elektrischen Energie. Hier ließen sich unendlich viele weitere Beispiele anführen.

Es geht also immer um Wechselwirkungen. Dieses trifft natürlich auch auf geistiger Ebene zu. Denn erst wenn etwas gedacht ist, kann es in Erscheinung treten. An diesem Punkt kommt das Bewusstsein ins Spiel, hier entstehen Visionen. Und hier, genau an dieser Stelle, lässt sich der Kreis schließen. Denn Visionen sind wiederum inspiriert durch Energien, und lassen sich auch nur durch Energien verwirklichen.

Besonders deutlich wird dieses im Bereich der menschlichen Wahrnehmungen:

Jede persönliche Entwicklung wird im wesentlichen davon geprägt, was man in seiner Umgebung wahrnimmt, wie man es wahrnimmt, und welche Konsequenzen aus dem Wahrgenommenen gezogen werden. Dies gilt im Kleinen wie im Grossen. Denn im Kleinen erkennt man das Grosse, und das Grosse lässt immer auch Rückschlüsse auf das Kleine zu.

Die wirtschaftliche und soziologische Entwicklung der letzten Jahre ist hierfür ein sehr anschauliches Beispiel:

Die westliche Wachstumsgesellschaft, so wie wir sie lange kannten, ist an ihre Grenzen gestoßen. Die wirtschaftlichen Regeln scheinen nicht nur nicht mehr zu funktionieren, sie wirken zeitweise sogar kontraproduktiv. Die Folge ist eine der größten Konkurswellen aller Zeiten und eine Arbeitslosenquote, die man vor einigen Jahren noch als unvorstellbar bezeichnet hätte. In den vergangenen Jahrzehnten war aber gerade dieses Wirtschaftswachstum für die Menschen in unseren Breitengraden sinn- und maßgebend.

Und seit offensichtlich wird, dass die Konjunkturkrise mehr ist als ein vorübergehendes „Schwächeln" der Wirtschaft, setzt auch eine Art Sinnkrise ein.

Ex-Bundespräsident Roman Herzog brachte es bereits 1997 in seiner Berliner Rede auf den Punkt:

„Der Verlust wirtschaftlicher Dynamik, die Erstarrung der Gesellschaft, eine unglaubliche mentale Depression - das sind die Stichworte der Krise."

Was sich auf materieller Ebene abspielt, spiegelt sich also auf geistiger Ebene wider - und umgekehrt. Welch ein eindringliches Beispiel hierfür spielt sich hierzulande seit einiger Zeit direkt vor unseren Augen ab...

Die „kleine Bereitschaft"

Um jedweder Entwicklung positive Impulse zu geben, ist eine ehrliche Auseinandersetzung vonnöten, bei der es wieder um das Prinzip „Ursache und Wirkung" gehen muss. Dies geschieht offensichtlich viel zu selten.

Denn es sind nicht *die Wirtschaft* oder *die Politik*, die uns im Stich lassen und sich in schwierigen Zeiten nicht mehr um uns kümmern, sondern hinter all dem, hinter der Politik, der Wirtschaft, hinter allen Gesellschaftssystemen stehen Menschen. Menschen mit Fehlern, Ängsten und Schwächen. In ihnen befindet sich aber auch das erwähnte Potenzial, das jederzeit zum Vorschein gebracht werden kann, und welches das Leben von Visionen geradezu unausweichlich macht.

Um dieses Potenzial in Erscheinung treten zu lassen, bedarf es einer kleinen Bereitschaft: Sie besteht darin, bewusst anzunehmen, dass dieses Potenzial vorhanden ist. Bewusst anzunehmen, dass Sie eine Wahl haben, positiv oder negativ auf alles zu reagieren, was Sie umgibt. Die Energien hierzu stehen Ihnen jederzeit zur Verfügung!
Dieses Bewusstsein zuzulassen erfordert keinerlei besondere Umstände. Es ist darüber hinaus auch völlig gleichgültig, ob Sie derzeit besonders zufrieden sind mit Ihren Lebensumständen, oder ob das Gegenteil der Fall ist. Vielmehr ist es so, dass das Einbeziehen äußerer Faktoren das gleichzeitige Erkennen innerer Potenziale ausschließt.

Lassen Sie mich das anhand eines Bildes erklären:

Stellen Sie sich einen Moment die von Wellen und Brandungen aufgewühlte Oberfläche des Meeres vor. Sehen Sie diese Oberfläche vor Ihrem geistigen Auge. Und nun stellen Sie sich weiter vor, Sie würden in dieses Meer eintauchen. Je tiefer Sie tauchen, desto weiter entfernen Sie sich von der unruhigen Oberfläche und desto mehr wird sich die Sie umgebende Stille als Ruhe und Frieden in Ihrem Bewusstsein manifestieren.

Wenn Sie diesen Zustand nun einfach zulassen, wird Ihre nach wie vor vorhandene Kenntnis der unruhigen Oberfläche des Meeres in Ihrem derzeitigen Bewusstsein immer unbedeutender werden. Wenn Sie nach einer gewissen Zeit wieder auftauchen, werden Sie nach diesem „tiefen" Erlebnis die raueste Oberfläche mit anderen Augen sehen.

Vielleicht denken Sie jetzt, dass hier nur ein einfaches Abschalten und Zur-Ruhe-Kommen umschrieben ist. Doch hier ist noch von etwas anderem die Rede. Lassen Sie uns gedanklich einige Schritte zurück gehen: Was muss vor dem Tauchen geschehen sein?

Sie müssen die Entscheidung getroffen haben, zu tauchen, und Sie müssen die Bereitschaft in sich verspürt haben, diese Entscheidung zu treffen. Das heißt in diesem Beispiel, Sie müssen die Bereitschaft gehabt haben, einen Zustand, in diesem Falle den festen Boden unter den Füßen, für eine gewisse Zeit aufzugeben, um sich in einen anderen Zustand, in diesem Falle in einen schwebenden Zustand, zu begeben, um ein positives Ergebnis für sich zu erzielen - im Inneren wie im Äußeren.

Diese Entscheidung für einen positiven Impuls - aus dem eigenen Inneren heraus - steht dem „Sich-Bestimmen-Lassen" durch Äußerlichkeiten völlig entgegen.

Dieser Ablauf lässt sich auf das alltägliche Leben übertragen. Es geht im Leben eines Menschen, in jedem einzelnen dieser Billionen von Momenten, um die Bereitschaft, sich dem Leben zu stellen. Darum, bereit zu sein, worum es auch immer geht, und darum, erkannt zu haben, dass man immer die Wahl hat. Dieser Erkenntnis gehen oft schmerzhafte Erfahrungen voraus. Neutraler ausgedrückt könnte man sagen: Sie steht in Zusammenhang mit Erfahrungen, die die Notwendigkeit von Veränderungen deutlich werden ließen.

Aber es ist immer so, dass man schon frühzeitig erkennen kann, dass eine Veränderung unausweichlich geworden ist. Schmerzhafte Erfahrungen sind keine Voraussetzung für Entwicklung, sie stellen sich aber ein, wenn man die Augen vor den jeweiligen Gegebenheiten verschließt.

Wir alle tragen das Potenzial in uns, jederzeit die Entscheidung zu treffen, ob wir in unserem Leben nur auf Umstände, die uns umgeben, reagieren wollen, oder ob wir die Umstände mitgestalten wollen.

Dieser Gedanke birgt einen imaginären Stolperstein, denn wer ist an dieser Stelle nicht sofort bereit zu denken: „Aber tue ich das denn nicht schon so gut ich kann?"

Welcher Mensch sieht sich nicht gern als entscheidungsfreudig, dynamisch und aktiv? Wer wäre auch jederzeit bereit, sich diesbezüglich ehrlich zu hinterfragen? Nur ehrliche Antworten auf grundlegende Fragen können auch zur Grundlage eines zufriedenen Lebensweges werden. Mit ehrlichen

Antworten können Sie nichts falsch machen. Im Gegenteil.

Jeder Mensch sollte gewisse Dinge für sich alleine klären. Ich empfehle hier das „stille Kämmerlein". Denn es geht nicht darum, sich - mit welchem Ergebnis auch immer - zu „outen", sondern darum, sich Klarheit zu verschaffen über das eigene Leben. Über das, was Sie wirklich empfinden. Über das, was Sie aufgrund Ihrer Empfindungen wollen, und über das, was Sie bisher tatsächlich dafür getan haben um das, was Sie wollen, auch zu erreichen.

Natürlich gibt es Umstände, bei denen es Ihnen immer wieder so erscheinen mag, als würde gegen Sie und Ihre Wünsche gearbeitet werden. Natürlich sind Sie geprägt, und Sie haben auch Ihre negativen Erfahrungen gemacht. Doch diese Dinge sind vergangen, und sie sollten nun nicht mehr als Einwand gelten, um gewisse Wege nicht zu gehen. Denn dann werden all diese Einwände im wahrsten Sinne des Wortes zu Wänden, die Ihnen die Sicht nehmen und Sie einengen.

Lassen Sie sich inspirieren!
Wenn Sie in der Lage sind, die Dinge zu erkennen, die in Ihrem Leben nicht zu Ihren Gunsten oder nach Ihren heutigen Vorstellungen verlaufen sind, dann sind Sie auch in der Lage, diese Dinge für Ihr weiteres Leben aktiv abzulehnen, beziehungsweise anders zu sehen. Dies gilt sowohl für Ihre Prägungen, als auch für Ihre Erfahrungen. Hinzu kommt, dass Sie nicht über Ihre heutigen Lebensvorstellungen verfügten,

wenn Sie nicht entsprechende Erfahrungen gemacht hätten. Und was hier mit aktivem Ablehnen beschrieben ist, sollte mit dem Ziel geschehen, loszulassen. Nicht verdrängen, nicht mit aller Gewalt vergessen wollen. Nur loslassen.

Denken Sie an die aufgewühlte Oberfläche des Meeres! Sie verfügen nach wie vor über deren Kenntnis, aber die Bedeutung, die Sie ihr geben, verändert sich, wenn Sie losgelassen haben. Denn nur dann sind Sie frei für die immense Vielfalt an neuen Erfahrungen, und nur dann können Sie diesen neuen Erfahrungen unvoreingenommen begegnen.

Das leere Gefäß

An dieser Stelle möchte ich eine kleine Geschichte aus dem japanischen Zen erzählen, die das Loslassen und die Unvoreingenommenheit meiner Meinung nach sehr treffend beschreibt.

Ein junger Mann, der sehr stolz auf sich und sein Wissen war, besuchte einen Mönch in seinem Kloster, um von ihm zu lernen. Der Meister empfing den jungen Mann in seinem Zimmer, und es wurde von einem anderen Mönch Tee gebracht. Als dieser Mönch den Tee in die Schale goss, die vor dem jungen Mann stand, forderte der Meister ihn auf, weiter zu gießen, obwohl die Schale bereits bis zum Rand gefüllt war. Der junge Mann bemerkte voller Erstaunen, dass die Schale überlaufen würde. Der Meister erwiderte: „Wenn man etwas lernen will, muss man zuerst dafür sorgen, dass auch Raum da ist für neue Unterweisungen. Und nun solltest du besser nach Hause gehen."

Der junge Gast fühlte sich beschämt, aber er verstand und war nun ernsthaft darum bemüht, die Lehre (und Leere) umzusetzen.

Um dem Leben interessiert und aufgeschlossen begegnen zu können, ist es darüber hinaus nötig, ein Bewusstsein für den Moment zu zulassen. Auf der einen Seite geht es also darum, etwas loszulassen. Denn alles, was Sie nicht loslassen wollen, kann sehr schnell zu Ihrem Los werden. Auf der anderen Seite - nicht weniger wichtig - geht es um das Zulassen, aber ohne später daran festzuhalten.

Versuchen Sie einmal Folgendes: Lassen Sie den jetzigen Moment bewusst zu! Welche Probleme haben Sie jetzt, in diesem Moment? Welche Umstände hindern Sie jetzt gerade in diesem Moment daran, Freude und Glück zu empfinden? Sich vom Leben inspirieren zu lassen!? Denken Sie nicht daran, was Sie in der Vergangenheit daran gehindert hat, oder was Ihnen vielleicht in der bevorstehenden Stunde die Laune verderben könnte.
Es geht immer nur um den Moment. Alles andere ist Festhalten an vergangenen Dingen, oder Spekulation über die kommenden Dinge, von denen Sie nicht wissen, ob sie auch wirklich zutreffen werden. Sie können sich nicht einmal sicher sein, ob Sie den nächsten Moment noch erleben werden...

Dies ist kein Aufruf zur Planlosigkeit. Im Gegenteil. Es ist eine Aufforderung, dem Leben freudig zu begegnen, voller Erwartungen, was es Ihnen noch an glücklichen Erfahrungen bringen wird. Lassen Sie diese Erfahrungen zu, schaffen Sie Platz und entleeren Sie regelmäßig Ihre intellektuellen und emotionalen Speicher. Sicher ist in diesem Augenblick nur eines: Sie sind noch nicht am Ende Ihres Lebens, und so haben Sie die Möglichkeit, Ihren Gedanken- und Erfahrungshorizont zu erweitern, und sich inspirieren zu lassen. Und dazu werde ich beitragen - wenn Sie es mir erlauben.

Im Laufe der Lektüre werden Sie mit allgemeinen Erkenntnissen, aber auch mit persönlichen Erfahrungen und Überzeugungen konfrontiert.
Bei allem, was ich beschrieben habe, war ich darum bemüht, es nachvollziehbar zu vermitteln.
Insbesondere im Kapitel „Eigene Erfahrungen" suchte ich stets die höhere Warte, um so objektiv wie möglich zu bleiben.
Ich gehe davon aus, dass es so viele Lebenswege wie Menschen auf dieser Welt gibt. Die gegenseitige Inspiration aber ist ein wesentlicher Teil des Lebens, der erst das Erreichen gemeinsamer Ziele ermöglicht.

Möge dieses Buch für Sie viele interessante Aspekte bergen und Sie inspirieren für das alltägliche Leben in Liebe.

Epilog

Du hast alles, was Du brauchst.
Achte auf Dein Werkzeug.
Pflege es!
Dann lasse es stets Deinem offenen,
ausgeglichenen Geist folgen.

Das ist Dein Weg.

SÉLAN

Eigene Erfahrungen

**Frage mich, und ich will Dir antworten
und Dir große und unglaubliche Dinge kundtun,
von denen Du bisher nichts gewusst hast.**

Jeremias 33,3

Ich werde Sie, liebe Leser, wie bereits in der Einleitung, mitunter direkt "ansprechen". Denn es ist mir wichtig, dass die Gedanken, aber auch die Erfahrungen, die ich beschreibe, nicht jenseits Ihres Gedanken- und Erfahrungshorizontes angesiedelt werden.

Sie werden beim Lesen stellenweise das Gefühl haben, sich selbst oder jemanden aus Ihrer Umgebung beschrieben zu finden. Das hat nichts mit Ihrem Geschlecht, Ihrer Bildung, Ihrer Konfession oder Ihrer derzeitigen Beschäftigung zu tun. Es hat einfach mit der Gemeinsamkeit des Menschseins zu tun, die natürlich auch auf geistiger Ebene besteht.

Erstaunlicherweise kann jeder Mensch Stimmungen nachempfinden, die nicht ohne weiteres mit den fünf Sinnen erklärbar sind. Erstaunlich finde ich das deswegen, weil es zwar nachempfunden werden kann, doch von vielen relativ schnell als eingebildeter Blödsinn abgetan wird, sobald es um die Konsequenzen aus diesen Empfindungen geht.

Vielleicht wenden Sie sich - ebenso wie ich es lange getan habe - lieber der „Normalität" zu, der Realität der alltäglichen Auseinandersetzungen, frei nach dem Motto: „Das Leben ist hart genug, von nichts kommt nichts" oder „Träumen sollte man des nachts, das weiß doch jedes Schulkind!"?

Und jedes Schulkind hat Unrecht.

Denn die Normalität - der Normalfall - bedeutet hier, dass Sie sich im engen Rahmen Ihrer fünf Sinne bewegen. Alles, was darüber hinausgeht, scheint Ihnen vielleicht übernatürlich oder übersinnlich, und somit eine Sache des Glaubens zu sein. Sie können jedoch die über die fünf Sinne hinausgehenden Energien erfahrbar machen, indem Sie sie zulassen.
Und dann tritt an die Stelle des Glaubens die Erfahrung - und wird zum Wissen. Die Chinesen bezeichnen das, was nicht unbedingt messbar, aber erfahrbar ist, mit dem Wort „Qi". Was ich hier beschreibe, ist also durchaus kulturübergreifend.

Dieses „Erfahrbarmachen" von nicht direkt messbaren Vorgängen ist im übrigen weder neu, noch besonders sensationell. Hierauf beruhen vielmehr sämtliche Errungenschaften unserer modernen Zivilisation.
Hätte jemand vor 200 Jahren behauptet, dass es in absehbarer Zeit möglich sei, durch den Druck auf einen Schalter Licht zu erzeugen, so hätte dieser jemand wahrscheinlich ziemlich lange in einem dunklen Kerker jenseits der sogenannten Zivilisation über diese Bemerkung nachdenken dürfen.

Warum erzähle ich Ihnen das alles in dem Kapitel „Eigene Erfahrungen"?

Die Antwort ist einfach: Weil diese Überlegungen, nämlich dass es viel mehr gibt, als all das, was sichtbar, hörbar, tastbar, riechbar und schmeckbar ist, bei meinen eigenen Erfahrungen eine sehr wichtige Rolle ein-genommen haben. Diese Gedanken haben mir Mut gemacht, haben in mir eine Vision erzeugt. Sie haben mich gequält, solange ich an den falschen Stellen nach Antworten suchte, und ich lernte, sie zu lieben, als ich anfing, sie für mein eigenes Leben anzunehmen, und die Konsequenzen daraus zu ziehen.

Aber nun der Reihe nach. In gewisser Hinsicht stellt dieses Buch eine Art Biographie dar. Es wurde geschrieben nach unendlich lang erscheinenden Jahren der Suche, der Auseinandersetzungen und des inneren Aufruhrs. Auf dieser Suche nach dem großen Glück und der Erfüllung fühlte ich mich stets begleitet von Zweifeln und Unsicherheiten. Wie auch immer ich mir damals das Glück und die Erfüllung vorstellte, ich konnte es nicht greifen. Und was wollte ich denn überhaupt?

„Es gibt immer zwei Seiten im Leben", so sagte ich mir, „und es läuft doch eigentlich sehr vieles ganz gut".

Ich wollte nicht unzufrieden sein. Außerdem geschah immer dann, wenn ich zunehmend mehr das Bedürfnis nach Klarheit und Ruhe verspürte, scheinbar zu viel in meinem Leben, als dass ich mich diesen Bedürfnissen hätte stellen können. Zufall?

Sie würden jetzt vielleicht antworten, ich hätte mir etwas vorgemacht - und ich würde Ihnen erwidern: Sie haben Recht! Mein Leben schien nach dem Motto zu verlaufen: Ein Schritt vor, zwei zurück. Und wenn ich dieses vor mir selbst nicht mehr verantworten konnte, ging ich zur Abwechslung auch einmal zwei Schritte nach vorne.

Viele Jahre hatte ich mich nun schon damit beschäftigt, dass es etwas auf dieser Welt geben müsse, für das man seine Sinne nur zu schärfen brauchte, um es zu verstehen; irgendetwas, oder irgendjemand, der die vielen Fragen des Lebens beantworten konnte - logisch, nachvollziehbar, und ohne „Ja, aber..."
Während ich mich mit der großen, weiten Welt und ihrem Sinn und Zweck beschäftigte, hatte ich immer viel gelesen. So kam ich über die Grundlagen des Autogenen Trainings zur Meditation, und hatte so für mich eine Möglichkeit gefunden, mich, wenn auch nur für einige Minuten am Tag, in mich zurück zu ziehen.

In einer dieser Ruhephasen, es war vor etwa vier Jahren, wurde mir eine ‚tonlose Stimme' zuteil, die mir erklärte, ich würde ein Buch über Menschen schreiben. Die Zeit würde kommen, und ich würde sie ohne Zweifel erkennen. Jetzt werden Sie sich sicher fragen, was in aller Welt eine ‚tonlose Stimme' sein mag!
Sie ist klar und deutlich, aber man kann sie nicht hören. Sie stellt fest, und lässt dabei keine Fragen offen. Sie beschreibt, ohne etwas vorweg zu nehmen.

36

Sie ist mehr als ein Gedanke und auch bedeutend mehr als ein gesprochenes Wort. Sie öffnet Türen, sobald man bereit ist, über die Türschwellen zu gehen. Und letztendlich vermittelt sie eine Sicherheit, die ich persönlich nie zuvor erfahren habe.

Vielleicht ist diese Stimme nichts anderes, als das, was man gemeinhin als Intuition oder Instinkt bezeichnet. Dann wäre sie die Wirkung einer Ursache, die in jedem Menschen beheimatet ist. Dass dies so ist, entspricht meiner festen Überzeugung.

Ich werde im Folgenden weiter den Begriff der ‚tonlosen Stimme‘ verwenden, wenn ich diese Gefühlsanschauung wiedergebe.

Ich hatte in den vorangegangenen Monaten bereits die Erfahrung gemacht, dass ich mich in Menschen hineinversetzen und ihnen wie selbstverständlich die Lösung ihrer Probleme definieren konnte.

Meine Treffsicherheit verblüffte mich und die jeweiligen Personen zwar immer wieder, aber mir war das nicht greifbar genug. Viele neue Fragen stellten sich, ohne dass ich mir nur eine der alten Fragen zu meiner Zufriedenheit hätte beantworten können. Meine Zufriedenheit variierte damals sehr stark in Abhängigkeit zu meinem jeweiligen Gemütszustand. Und ich fühlte mich immer öfter, wenn ich mich mit dieser im ersten Moment unangenehmen Erkenntnis auseinandersetzte, mit meiner Vergangenheit konfrontiert. Mit einer Vergangenheit, die, so empfand ich es damals, seit meinem siebenten Lebensjahr von Krankheit und Leid geprägt war.

Die Schatten der Vergangenheit

Damals diagnostizierte man in meinem Schädel eine Zyste, linksseitig, zwischen Sprachzentrum und Bewegungszentrum gelegen. Diese Zyste war mit dem Gehirn verwachsen, und konnte aufgrunddessen nicht entfernt werden.

Herdbedingten epileptischen Anfällen, die mitunter Sprach- und Bewegungsstörungen nach sich zogen, konnte selbst durch drei Kopfoperationen und erheblichem Medikamentenkonsum nie mit einem zufriedenstellenden Ergebnis begegnet werden.

Ich lebte mit meiner Krankheit, nahm regelmäßig meine Medikamente, immer in der Hoffnung, dass es mich nicht zur falschen Zeit am falschen Ort „erwischen" würde.

Während der Abiturschuljahre begann ich damit, Wochenenddienste in einem Krankenhaus zu absolvieren. Ich arbeitete auf einer Kinderstation, und die Erfahrungen, die ich während dieser Zeit sammeln durfte, erfreuten und erschütterten mich gleichermaßen. Diese Erfahrungen waren es schließlich auch, die mich dazu bewogen, Medizin zu studieren. Nach sechs Semestern nahmen meine gesundheitlichen Probleme massiv zu, und es stellte sich heraus, dass ein weiterer Tumor in meinem Kopf heranwuchs.

Ich ließ mich erneut operieren, und nachdem ich gesundheitlich wieder einigermaßen hergestellt war, beschloss ich, das Medizinstudium aufzugeben. Alles wollte ich nun ändern, denn ich war davon überzeugt, dass das Leben unberechenbar sei, und mich sah ich in der Opferrolle.

Ich besuchte an der Universität noch über einige Zeit Veranstaltungen der Betriebswirtschaft. Daneben machte ich Crash-Ausbildungen im kaufmännischen Bereich und verdiente ziemlich viel Geld als Immobilienmakler.

Durch familiäre Kontakte im asiatischen Raum ergab es sich einige Jahre später, dass ich, neben dieser Maklertätigkeit, in Asien Kleidung nähen ließ, sie importierte und verkaufte.

Ich hatte mich bereits recht intensiv mit den verschiedenen Weltreligionen beschäftigt, und auch der Buddhismus war mir nicht fremd. Doch hier, in Asien, begegnete ich Menschen, die etwas ausstrahlten, was mir bisher nie in dieser Form aufgefallen war.

Menschen, die, verkrüppelt am Straßenrand sitzend, einen Glanz in den Augen hatten, als verfügten sie über allen Reichtum dieser Welt.

Diese Wahrnehmungen berührten und beschämten mich zutiefst. Wieder Zuhause, im guten, alten Deutschland, spielten zwar sehr schnell wieder andere Dinge eine Rolle, trotzdem fing ich nun an, mich bewusster mit Menschen zu beschäftigen.

Das führte dazu, dass ich meine Mitmenschen immer häufiger hinterfragte. Sie können sich vielleicht vorstellen, dass mir das nicht nur Freunde einbrachte. Da ich auch mich selbst immer häufiger hinterfragte, spürte ich mehr und mehr, dass mein Leben, so wie ich es lebte, einem aussichtslosen Kampf glich.

Über diesen Kampf machte ich mir Gedanken, und je mehr ich darüber nachdachte, desto klarer wurde mir, dass ich diesen Kampf beenden könnte - und zwar in dem Moment, in dem ich aufhören würde, zu kämpfen...

Die Wende

Meine Träume wurden intensiver, und auch die tonlose Stimme erschien nun immer häufiger. Sie machte mir Mitteilungen in Bezug auf den Sinn und Zweck des Lebens, sie ermahnte mich in einigen Dingen und machte mich auf die Kraft des Geistes aufmerksam.

Sie beantwortete mir nur die Fragen, die mich wirklich beschäftigten, und die mir am Herzen lagen. Nie jedoch kam es zu Mitteilungen, wenn meine Fragen auf Ungeduld oder Neugierde beruhten. Oftmals wurde ich aufgefordert, nicht zu weit in die Dinge vorzudringen. Denn es gäbe genug, was mich direkt beträfe und was mich näher anginge. So wurde ich aufgefordert, in jeder Hinsicht bei mir selbst anzufangen, doch nicht ohne mich jedes Mal darauf hinzuweisen, bedingungslose Liebe zu leben und Vertrauen zuzulassen.

Im Laufe dieser Zeit wurden die Erfolgsmeldungen von Leuten, die sich bei mir Ratschläge für ihr Leben geholt hatten, zur Selbstverständlichkeit.

Es veränderte sich sehr viel in meinem Leben, beruflich wie auch privat. Die Näherei in Asien hatte ich aufgegeben, in der Makelei von Immobilien war für mich auch keine Erfüllung zu finden, und von meiner damaligen Frau hatte ich mich getrennt. Die äußere Situation glich einem Fiasko. Was hatte es nun mit den trostreichen Mitteilungen auf sich, mit der bedingungslosen Liebe, mit Gott?

An diesem Punkt war ich nun angelangt, ein Mensch, physisch und psychisch abhängig von Medikamenten, trotzdem nicht gesund. Ein Mensch, der sich auf den Pfad des Unvorstellbaren begeben hatte, der sich zuweilen von einer inneren Stimme trösten ließ. Jemand der über Dinge nachdachte, die jeder Logik widersprachen. Doch wessen Logik? Diese Frage ließ mir keine Ruhe mehr. So gab es dann, entsprechend meinem Verständnis von Logik, nur einen Weg, herauszufinden, ob das, was ich bisher erlebt hatte, eine Grundlage für mein weiteres Leben sein konnte, oder nicht.

Ich hatte in den vorangegangenen Jahren immer wieder in Erwägung gezogen, weniger Medikamente zu nehmen, um mich nach und nach aus dieser Abhängigkeit befreien zu können. Mir war bewusst, dass ich, bedingt durch die tägliche Medikamenteneinnahme, über kurz oder lang Probleme mit meinen anderen Organen bekommen würde. Anzeichen dafür gab es schon. Daher hatte ich schon einige Male zuvor versucht, durch die Einnahme von weniger Medikamenten meine Organe zu schonen. Doch das Ergebnis war immer das gleiche: Die gesundheitlichen Probleme häuften sich.

Durch die Einnahme dieser Medikamente würde die Anfallsbereitschaft deutlich reduziert, und ohne sie würde ich mich auf ein unabsehbares Risiko einlassen, so die Aussagen der Ärzte. Diese Aussagen schienen mir durchaus begründet, da dieses Gewächs in meinem Kopf real war, und auch seine Auswirkungen haben musste.

Nun versuchte ich, trotz dieser sehr eindringlichen und auch nachvollziehbaren Warnungen aus ärztlicher Sicht, mein ganzes Vertrauen, all meine Liebe und all meine Kraft in dieses Etwas zu legen, das mich immer wieder auf die Kraft des Geistes aufmerksam machte.

Ich ließ alles los und wollte nun bereit sein, diesem einen Gott vertrauensvoll zu begegnen, von dem man in den Schriften aller großen Weltreligionen das Versprechen beschrieben findet, dass ER da sein wird.

Endlich Antwort!

„Nicht mein Wille, sondern dein Wille geschehe!" Dieser Gedanke begleitete mich in den darauffolgenden Tagen und Wochen. Mir war sehr daran gelegen, jetzt wirklich und endgültig Dinge in meinem Leben zu beleuchten, zu hinterfragen. Festzustellen, an welchem Punkt dieses Lebens ich nun wirklich angekommen war.

Ich wollte bereit sein, Verantwortung für mich und das Leben zu übernehmen. Ganz bewusst, mit jeder Konsequenz, und vor allem ohne jeden Opfergedanken.

Im Laufe dieser turbulenten Zeit fiel mir auf, dass eine Empfindung immer häufiger in mir auftrat: Die Freude. Aber warum? Meine Probleme, die ich in den verschiedenen Lebensbereichen hatte, waren längst nicht gelöst. Aber aus irgendwelchen Gründen empfand ich sie als nicht mehr so erdrückend. Sie waren mir nicht egal geworden, im Gegenteil! Ich setzte mich vielmehr mit ihnen auseinander, malte mir vor meinem geistigen Auge vorstellbare Lösungen aus, bevor ich mich im Alltag weiter damit beschäftigte. Ich begann das, was ich vor einiger Zeit noch als persönliche Niederlage empfunden hatte, ausschließlich als Teil einer Erfahrung zu betrachten, ohne die schmerzhaften Folgen der Endgültigkeit.
Ich hatte nun immer öfter das starke Gefühl, loslassen zu können, ohne verzichten zu müssen. Dieses Gefühl gehört mittlerweile, neben der Liebe, dem Vertrauen und der Freude, zu dem Eindrucksvollsten, was ich je empfunden habe.

So vergingen Tag um Tag, Woche um Woche, und das Leben, die Ereignisse um mich herum, die Menschen denen ich begegnete, einfach alles fing an, mich zu inspirieren. Von Tag zu Tag wuchs mein Vertrauen, obwohl ich, was meine weitere Lebens- und Berufsplanung betraf, scheinbar noch keinen Schritt weiter-gekommen war.

Ich hatte mir vorgenommen, eine Angelegenheit nach der anderen anzugehen, und ich war geradezu fasziniert von meiner stabilen Gesundheit, obwohl ich keine Medikamente mehr zu mir nahm. Etwa drei Monate vergingen, und es stellte sich mir nun immer öfter die Frage, wohin mich wohl mein weiterer Weg führen würde. Und ich bekam Antwort. Dieses Mal, stärker und nachhaltiger denn je, vernahm ich die tonlose Stimme erneut, mit folgendem Inhalt:

„Du verhilfst, Freude durch Glauben zu finden. Wunder, wie bei der Gesundung deines Leibes, kannst du jederzeit bewirken. Wisse, gesund bist du geworden durch die Wunden, die du mutig mit der Liebe geheilt hast. Sei dir der Wunderwirkungen des Geistes bewusst. Wenn dein Vertrauen wankt, begrenzt du die Kräfte des Geistes. Denke immer daran."

Dieser Teil meiner Biographie soll keine Aufforderung an alle Kranken sein, ihre Krücken wegzuwerfen. Was ich beschrieben habe, sind meine Erfahrungen, und auch ich habe erlebt, wie schwer es sein kann, wirklich loszulassen, sich zu öffnen und den Fluss des Lebens anzunehmen. Viele Jahre meines Lebens hatte ich mich mit weniger als Allem zufrieden gegeben. Ich hatte mein Leben und meine Lebensrhythmen stets mehr nach den Vorstellungen anderer Menschen, als nach meinen eigenen ausgerichtet. Mir wurde nun klar, dass das Leben immer das anbietet, was man braucht, um sich zu entwickeln, um zu lernen, bewusst zu leben.

Ich verstand: Die Energien hierfür sind stets vorhanden, sozusagen „stand by", jeder Situation immanent. Nur durch Zweifel, Unsicherheiten und den daraus resultierenden Ängsten wird der klare Blick verschleiert.

Hieraus folgt, dass die vorhandenen Möglichkeiten mit allen ihren Potenzialen unausgeschöpft bleiben.

Diese gezielte Hinwendung zum Geistigen, die ich damals sehr bewusst erlebte, entsprang zum einen einer berechtigten Skepsis gegenüber einer Welt, die nur auf Äußerlichkeiten zu beruhen scheint, zum anderen meinen Unsicherheiten und Ängsten, aber auch großen Hoffnungen. Und diese Hoffnungen kreisten stets um eine Wahrheit, die ich jenseits dieser Welt der Äußerlichkeiten vermutete.

Diese Wahrheit, so weiß ich heute, befindet sich tatsächlich jenseits jeglicher Äußerlichkeit, und ebenso jenseits der größten intellektuellen Bemühungen. Sie ist jedem Menschen zugänglich, der wirklich bereit ist, etwas zuzulassen, das er nicht fassen kann, und das sein Vertrauen erfordert.

Was ich gefunden habe, gleicht einem unschätzbaren Kleinod, von dem ein Glanz ausgeht, der das Bewusstsein nie mehr ganz verlassen wird.

Aus diesen Erfahrungen resultiert letztendlich die Bewusstseins-Energetik, auf deren Grundlage sich mein Leben seither weitaus intensiver und zielgerichteter gestalten lässt, als es lange Jahre der Fall war.

Heute arbeite ich in einem von mir initiierten Unternehmen als Trainer und Berater für Personalentwicklung und Organisationsmanagement.

Den Zweck meiner Arbeit sehe ich darin, die Notwendigkeit einer harmonischen Verbindung von Geist und Materie zu vermitteln. Denn die Harmonie, beziehungsweise Disharmonie zwischen diesen Bereichen, hat ihre Auswirkungen auf alle denkbaren Lebenssituationen.

Diese Annahme, einmal gründlich durchdacht, wird in immer kürzer werdenden Abständen wiederkehren, bis sie konsequent gelebt und ausgerichtet wird.

Wann das sein wird, entscheidet jeder Mensch ganz individuell. Nur eines ist immer gleich: Es findet eine Bereicherung auf allen Ebenen des Lebens statt.

Das ist meine Erfahrung.

Epilog

Sei nie zufrieden.
Sei nie unzufrieden.
Lebe völlig ohne Urteil.

Aber lebe!

SÉLAN

Jenseits der Illusionen

**Du hast eine Aufgabe zu erfüllen.
Du magst tun was Du willst, magst Hunderte von
Plänen verwirklichen, magst ohne Unterbrechung
tätig sein – wenn Du aber diese Aufgabe nicht
erfüllst, wird alle Deine Zeit vergeudet sein.**

Dschelad ed – Din Rumi
Pers. Dichter
Begründer des Sufismus

Jeder Mensch stellt sich irgendwann die Frage nach dem Sinn und Zweck seines Daseins. Wie in diesem Zusammenhang die häufig bemühten Begriffe „Schicksal" und „Zufall" ihre Bedeutungsinhalte bekommen haben könnten, zeigt folgende Geschichte:

Da gab es in grauer Urzeit jemanden, der bereits zum wiederholten Male an einer Wegkreuzung seines Lebens stand. Bisher hatte er sein Leben nach eigener Überzeugung gut gemeistert. Er hatte ja auch diese sichere Führung, die er geradezu spüren konnte, sobald er sich zur Ruhe begab und seine Sinne darauf ausrichtete. Nie hätte er sich vorstellen können, in einem entscheidenden Augenblick ohne diese innere Stimme zu sein.

Und wenn es doch einmal so sein sollte? Vielleicht wird diese Führung schon bei der nächsten Entscheidung versagen, oder vielleicht auch schon dieses Mal?!

Seine Gedanken kreisten um diese Fragen und darum, wie er sicher stellen könne, dass er diese innere Führung nie verlieren würde. Und gleichzeitig spürte er, dass das, was ihm immer so zugänglich war, langsam an Intensität verlor. Seine Unruhe wurde immer größer.

Nun stand er hier, an dieser Wegkreuzung. Objektiv gesehen konnte er noch froh sein, dass sein Leben bisher so gut verlaufen war - so fühlte er inzwischen. Den Grund dafür sah er nicht mehr. Das muss dieser Zufall gewesen sein, über den er Menschen reden hörte. Und indem er darüber nachdachte, nahm er wahr, wie sich ein Gefäß, das „Zufalls-Gefäß", in ihm zu füllen schien - und sein Herz wurde schwer.

Wie konnte es nun weitergehen? Welche Richtung sollte er einschlagen?

Er sah sich plötzlich umgeben von Unsicherheiten. Im Grunde war er selbst schuld. Wie eindringlich hatte man ihn gewarnt vor der Unberechenbarkeit des Lebens. Er hatte sich wohl zu stark gefühlt. Und nun war der Zeitpunkt gekommen: Er musste sich dieser Unberechenbarkeit ergeben. Das hätte er nicht für möglich gehalten. Oder doch?

In diesem Moment, bei diesen schrecklichen Gedanken, wurde sein Herz noch schwerer, und er hatte das Gefühl, als würde ein zweites Gefäß in ihm angefüllt.

In dieses Gefäß, das „Schicksals-Gefäß", so schien es ihm, passte besonders viel hinein.

Er fühlte sich von diesem Tag an nie mehr so leicht und getragen wie in früheren Zeiten, denn die Gefäße in ihm wuchsen an jeder weiteren Wegkreuzung seines Lebensweges, und er hatte eine immer größere Last zu tragen. Aber das war eben sein Schicksal.

Diese Geschichte mutet an wie ein Märchen, doch genauso spielt sie sich überall auf dieser Welt unzählige Male Tag für Tag ab.

Warum sind das überhaupt so unsichere Pfade, die Pfade des Zufalls und des Schicksals? Warum können diese weitverbreiteten Grundannahmen über das Leben dieses Leben mitunter so schwer machen?

Keine Wirkung ohne Ursache

Die Antwort ist naheliegend, und das ist vielleicht einer der Gründe, warum sie so oft übersehen wird. Durch die Annahme von Zufall oder Schicksal öffnen Sie dem Chaos Tür und Tor. Diese Gedanken - zu Ende gedacht - führen dahin, dass Ihnen immer und überall, in jeder Situation alles widerfahren kann, ohne dass Sie die kleinste Chance haben, irgendeinen Einfluss darauf zu nehmen. Dadurch, dass Sie scheinbar keinen Einfluss darauf haben, tragen Sie natürlich auch keine Verantwortung für den Verlauf Ihres Lebens – und das scheint ein wesentlicher Punkt zu sein.

Ein guter Freund sagte unlängst: „Der Zufall ist ein Ruhekissen für Menschen, die sich nicht mit dem Leben auseinandersetzen wollen. Das Dumme ist nur, auf diesem Kissen kann es nie wirklich Ruhe geben; immer *fällt* etwas *zu*."

Doch hat jede Empfindung, jedes Ereignis, jede Wirkung, aufmerksam betrachtet, eine Ursache, die in Ihnen selbst zu finden ist - und wenn Sie bereit sind, an diesem Verständnis zu arbeiten, anstatt es dem Zufall oder gar dem Schicksal zuzuschreiben, nähern Sie sich Ihrer Lebensaufgabe, und so dem Sinn Ihres Lebens. Der spanische Philosoph Jose Ortega y Gasset beschrieb diesen Verlauf folgendermaßen:
"Der Begriff Aufgabe ist ein Wesensbestandteil des Menschseins; denn Menschen gibt es nicht ohne Aufgabe."
Um dieser Aufgabe gerecht zu werden, sind Energien notwendig. Alle zur Verfügung stehenden Energien können als ursächlich und grundsätzlich positiv angesehen werden. Wem die Aussage zu optimistisch klingt, der sollte zumindest annehmen, dass sie nicht negativ sind. Ihre Wirkungen sind nur davon abhängig, wie sie genutzt werden. Lassen Sie uns einfach davon ausgehen, dass Energien neutral sind, völlig unparteiisch und leidenschaftslos. Ihnen ist es sozusagen gleichgültig, wie sie genutzt werden.

Was nun an Gedanken, Gefühlen und Taten ausgesendet wird, kommt als Spiegelung in Gestalt von Ereignissen im täglichen Leben zurück. Wie könnte es auch anders sein? Wie diese Spiegelung, also Ihr tägliches Leben, aussieht, das können Sie selber bestimmen. Sie müssen es aber auch tatsächlich tun. Werden Sie sich dessen bewusst; das Leben spiegelt: „Wie man in den Wald hinein ruft,...." und so weiter, Sie kennen das.

Jedes Land und jede Kultur haben für derlei Lebensgesetze und den daraus resultierenden Erfahrungen eigene Weisheiten, die letztendlich Gleiches aussagen. So soll beispielsweise Konfuzius gesagt haben, dass, wer Wind sät, Sturm ernten wird. Dies gilt sowohl im konstruktiven wie im destruktiven Sinne, und ist absolut zuverlässig. Denn der Unterschied zwischen einem Spiegel und einem Menschen ist, dass der Spiegel sich von sich aus nicht verändern kann. Er hat kein Bewusstsein seines Selbst. Er gibt nur das wieder, was man ihm zeigt. Er unterscheidet auch nicht zwischen reich und arm. Der Reiche wird nicht schöner gespiegelt, weil er reich ist, der Arme nicht hässlicher, weil er arm ist.

Was auch immer dem Spiegel vorgehalten wird - er wird es unverändert wiedergeben. Glauben Sie ihm, auch wenn das Bild, das er Ihnen zeigt, Ihnen nicht immer angenehm ist, und Sie am liebsten wieder an das Schicksal oder den Zufall appellieren möchten. Aber diese beiden haben ganz sicher gar nichts damit zu tun. Der Spiegel zeigt immer nur die Früchte des eigenen Schaffens.

Vom „Bergeversetzen"

Eine ganz wesentliche Rolle bei Ihrem eigenen Erschaffen und der Erkenntnis Ihrer individuellen Lebensaufgabe spielt Ihr persönlicher Umgang mit der

Kraft Ihres Glaubens. Nehmen wir einmal an, Sie setzen Ihren Glauben bezüglich irgendeiner Sache, die Sie gerne erreichen wollen, negativ ein. Das heißt, Sie glauben eigentlich nicht wirklich daran, diese Sache erreichen zu können. Auch hier glauben Sie, aber eben an das Gegenteil dessen, was Sie wollen. Und das hat direkte Auswirkungen. Es kann gar nicht anders sein. Hier entsteht die erste mentale Blockade, hier entsteht der Zweifel.

Denn Zweifel ist auch ein Glaube, nur arbeitet er gegen Sie und blockiert somit das Erreichen Ihrer Ziele - oder gar das Erkennen Ihrer Aufgabe.

Ebenso wie die Kraft negativer Gedanken und Erwartungen so stark ist, dass sie immer wieder unangenehme Situationen hervorbringt, haben aus dem Innersten kommende positive Gedanken und Gewissheiten dieselbe Kraft, dem Leben in allen Bereichen eine Wende zu geben. Wer kennt nicht das Bibelwort vom Glauben, der Berge versetzen kann? Für den Geist, der die Ursache allen Glaubens ist, ist es wahrhaftig keine große Kunst, Berge zu versetzen.

Lesen Sie den letzten Satz noch einmal!

Und nun beziehen Sie ihn auf Ihr Leben, auf Ihre derzeitige Lebenssituation. Denken Sie einen Moment über das nach, was Sie wollen.

Und jetzt über das, was Sie tatsächlich für möglich halten.

Wer will nicht stets zufrieden und vollkommen sorglos leben, doch wer glaubt auch daran, dass dies wirklich machbar ist? Wer große Angst vor einer bestimmten Krankheit hat, glaubt daran, dass er sie bekommen könnte. Und Angst bewirkt genau das, was sie abwehren soll. Sie ist letztlich nichts anderes, als negativ ausgerichteter Glaube. Aber der Glaube funktioniert eben auch im positiven Sinne. Und er ist immer stärker als der Wille oder die Hoffnung. Dies ist ein ganz wichtiger Aspekt.

Wenn also Wille und Glaube, oder Hoffnung und Glaube verschieden sind, sind Konflikte vorprogrammiert. Denn in diesem Fall wollen Sie etwas, woran Sie nicht wirklich glauben - und halten sich so selbst von Ihrem Ziel fern:
Konflikt pur!!!!!

Diesem Konflikt werden Sie immer wieder begegnen, und er wird - wahrgenommen oder unterbewusst - in den verschiedenen Bereichen Ihres Lebens solange eine Rolle spielen, bis Sie den Widerspruch aufgelöst haben.

Interessanterweise wird er Ihnen auch und gerade dann wieder begegnen, wenn Sie sich entschieden haben, ihn aufzulösen und Verantwortung zu übernehmen. An diesem Punkt werden Sie vom Leben hinterfragt.
Doch wird hier lediglich vorsichtig recherchiert, ob Sie wirklich eine Entscheidung getroffen haben, oder ob nur der Wunsch der Vater des Gedankens war. Das sind aber nur kleine Kapriolen des Lebens, die einer festen Entscheidung nichts anhaben können. Oder?!

Die Entscheidungsfreiheit

Es ist interessant, sich mit verschiedenen Menschen über derlei Kapriolen zu unterhalten. Jedem fällt dazu etwas ein. Ein junger Mann von gegenüber hatte sich gerade entschlossen, eine Diät zu machen. In den folgenden drei Wochen bekam er fünf Einladungen zum Essen... Was für ein Zufall!
Die Frau von nebenan traf die Entscheidung, ab sofort dem Rat ihrer Eltern zu folgen, und monatlich eine gewisse Summe ihres Geldes auf die hohe Kante zu legen. Plötzlich sah sie sich umgeben von wunderschönen Kostümen in den Schaufensterauslagen ihrer Stadt. Das muss Schicksal sein...
Sie merken, worauf ich hinaus will!
Es liegt an Ihnen, wie „zufällig" und „schicksalbehaftet" Ihr Leben verläuft. Sie haben die Wahl, Sie kön-nen die Entscheidung treffen.

Natürlich hat dieses Vorgehen Konsequenzen, und bevor Sie sich dafür entscheiden, sollten Sie folgendes bedenken: Sie übernehmen gleichzeitig die Verantwortung dafür.

Nehmen wir einmal an, Sie besuchen Ihren Arzt, weil Sie unter Magenschmerzen leiden. Sie wissen natürlich, dass Sie zuviel rauchen, zuviel Kaffee trinken und darüber hinaus Stress haben. Dies wird Ihnen Ihr Arzt bestätigen und Sie auf ein drohendes Magengeschwür hinweisen. Sie haben also durch Ihren Lebenswandel eine Ursache für die Wirkung Magenschmerzen gesetzt.

Es gibt aber auch eine Ursache dafür, warum Sie es so weit haben kommen lassen. Hinterfragen Sie sich an diesem Punkt, kommen Sie vielleicht zu dem Schluss, dass es ein dummer Zufall war, der Sie dazu gebracht hat, mit dem Rauchen anzufangen, und dass Sie als Raucher eben mehr Kaffee trinken, als die meisten Nichtraucher. Sie schieben also einen Vorwand vor. Denn Ihre innere Stimme sagt Ihnen schon seit geraumer Zeit, dass Sie gesünder leben sollten. Nur hören Sie nicht hin, weil Ihnen die kurzfristige Befriedigung durch Nikotin und Koffein wichtiger erscheint, als ein Augenblick der Ehrlichkeit, der Ihr Leben von Grund auf verändern würde. Wenn dann das Magengeschwür da ist, werden Sie sich vielleicht die Frage stellen, warum das Schicksal so hart ist.

An solchen Punkten, worum es auch immer geht in unserem Leben, fangen wir an, den Zufall oder das Schicksal für etwas verantwortlich zu machen, was eine Ursache hat, die wir selbst gesetzt haben. Genau an diesem Punkt betreten wir den Weg der großen Illusionen. Ob dieser Weg beschritten wird oder nicht, ist die Entscheidung, die zuvor, bewusst oder unbewusst, aber immer frei getroffen wurde.

Die Entscheidungsfreiheit stellt für die meisten Menschen eine Bürde dar. Sie halten sich in einem Niemandsland auf, kommen und gehen lieber durch sogenannte Hintertürchen, als sich klar zu etwas zu bekennen. Und genau an dieser Stelle geht der berühmte Schuss nach hinten los: Denn eine Aufgabe kann nur erkannt werden, wenn die Bereitschaft besteht, dafür auch die Verantwortung zu übernehmen. Oder anders ausgedrückt: Das Erkennen einer Aufgabe setzt die

Bereitschaft voraus, Verantwortungsbewusstsein hierfür zuzulassen. Es bedingt sich also gegenseitig. Aber viele Menschen haben Angst davor, sich selbst der Argumente des Schicksals oder Zufalls zu berauben, weil Sie vielleicht meinen, diese Argumente könnten doch noch irgendwann nützlich werden. Und so halten sie am Schicksal fest und lassen den Zufall nicht los - und genau diese Gedanken werden dann zu Blockaden im Leben.

Glück, Gesundheit, Erfolg und Lebensfreude hängen von Ihrer Wahl ab. Sie sind nicht die Ergebnisse nervenaufreibender, anstrengender Bemühungen.
Erinnern Sie sich:
Alles ist Energie. Nur wir Menschen neigen dazu, unser Glück stets in Abhängigkeit zu unserer jeweiligen Lebenssituationen zu definieren. Und damit definieren wir nicht nur diese Energien, sondern unterbrechen mitunter auch deren Fluss. Am Ende können wir uns gar nicht erklären, wie Unglück, Krankheit und Misserfolg entstehen konnten...

Die allumfassende Energie

Jeder Mensch hat jederzeit die Möglichkeit, sich bewusst mit Energien zu verbinden, und zu lernen, sie wirksam einzusetzen. Warum ist das so?
Weil wir Menschen weder unser Körper noch unser Verstand sind. Und wir sind auch nicht unsere Gefühle. Wir alle sind Teil einer allumfassenden Energie. Alles, was uns zur Verfügung steht, ist Mittel zum Zweck, uns dessen bewusst zu werden.

So benutzen wir die körperliche Form dazu, unsere jeweiligen Aufgaben zu erfüllen. Diese Aufgaben stellen sich unterschiedlich dar, aber das Ziel ist eines - und es ist sicher: Es ist geistige Orientierung, geistiges Wachstum, das zu Entfaltung und zu Erkenntnis führt. Um diese Erkenntnis kennen und leben zu lernen, nehmen wir an einem speziellen Unterricht teil. Dieser Unterricht ist der Alltag.

Wir wachsen, indem wir uns unserer Quelle, und somit unserer immensen Kräfte, bewusst werden. Nur so überschreiten wir Grenzen, nur so können wir immer mehr Glück und Freude als feste Bestandteile unseres Lebens erfahren. Wir sind hier, um zu erkennen, dass es für jedes noch so große Problem eine Lösung gibt.

Denn jedes Problem setzt voraus, dass es eine Angelegenheit gibt, in der wir noch nicht gelernt haben. Indem wir das verstehen, können wir bewusster und aufgeschlossener damit umgehen. Das heißt, nicht Problemorientiertheit, sondern Lösungsorientiertheit bringt uns weiter.

Denken Sie nie mehr über Probleme nach, sondern nur noch über Lösungen! Sie haben die Kraft, die Sie dazu brauchen. Viele Menschen vermuten diese Kraft irgendwo, nicht aber in sich. Manchmal geben sie dieser Kraft die Möglichkeit, zu wirken. Und denken dann, es sei Zufall oder Glück gewesen, wenn sie ein konstruktives Ergebnis erzielt haben.

Doch die Frage, die sich hier stellt, wird selten beachtet: Wie konnte sich dieses konstruktive Ergebnis - jenseits des Zufalls oder des Glücks -

überhaupt manifestieren, und welche Kraft konnte hier wirken? Die Antwort ist folgende: Es ist die Kraft des Glaubens,...wieder einmal!

Sie haben sich in einem solchen Fall, möglicherweise auf dem Weg hin zur Lösung eines Problems, für einen Augenblick nicht mehr nur mit der inneren Veranschaulichung des Zweifels zufriedengegeben. Doch dieser Augenblick war ausreichend, um Ihre ganze Einstellung zu korrigieren. Denken Sie noch einmal an den Zen-Schüler. Es geht immer darum, Platz zu schaffen, um sich selbst geistige Offenheit zu gewährleisten. Es ist nicht einmal notwendig, den Augenblick, in dem die Kraft des Glaubens gewirkt hat, bewusst erlebt zu haben.

Wenn Sie dazu neigen, erreichte Ziele im Nachhinein zu analysieren - was nicht schlecht ist, vorausgesetzt, Sie neigen auch zur Objektivität - dann werden Sie feststellen, dass das Ergebnis nicht positiv ausgefallen wäre., wären ausschließlich Zweifel und negative Gedanken Ihre Wegbegleiter gewesen.
Irgendetwas muss also noch die Möglichkeit zur Entfaltung gehabt haben.
Ich behaupte, dass es in wirklich allen Situationen, in denen sich ein Mensch wiederfinden kann, immer die Möglichkeit der gelassenen und gezielt konstruktiven Auseinandersetzung gibt.

Trotzdem wird viel zu oft die zweifelnde, beziehungsweise destruktive Auseinandersetzung gewählt.

Lösungsorientierte Vorgehensweisen

Aus der Sicht der Bewusstseins-Energetik geht es jedoch immer, wie schon erwähnt, um Lösungen. Am Beispiel des Umgangs mit einem Problem - oder einer Situation, die als problematisch empfunden wird - möchte ich im Folgenden aufzeigen, dass gezieltes Hinterfragen stets hilft, die dazugehörige Lösung viel näher zu bringen:

1. Definieren Sie das Problem: Was ist das Problem? Ist es überhaupt ein Problem? Warum? Möchte ich dieses Problem wirklich lösen?

2. Definieren Sie die Umstände: Wie sind die Umstände, die zu dem Konflikt führen? Sind diese wirklich verantwortlich dafür? Unter welchen Umständen wäre das Problem lösbar?
<u>Achtung: Ursache und Auslöser nicht verwechseln!</u>

3. Definieren Sie den Zustand, wenn der Konflikt gelöst ist:
Welches ist das Ziel, wenn das Problem gelöst ist? Ist dieser Zustand wirklich erwünscht?
Erst wenn diese Fragen ehrlich beantwortet wurden, kann eine erfolgversprechende Lösung angegangen werden.

4. Definieren Sie die erforderlichen Schritte, durch die das Problem gelöst werden kann:
Zum Beispiel: Neutralisieren Sie negative Erfahrungen aus der Vergangenheit, wie Schuld-gefühle, Hemmungen, etc. Ersetzen Sie die „alten

Programme" und Glaubensmuster.

Schaffen Sie innere Voraussetzungen für den Erfolg, indem Sie die Bereitschaft für eine neue Sichtweise signalisieren!

Hilfreich hierbei: Suchen Sie Ruhe und Entspannung, lassen Sie Distanz zum Problem zu, legen Sie eine Reihenfolge von möglichen Teilzielen fest.

Tip: Fragen Sie sich, was Sie einem Freund in der gleichen Situation empfehlen würden!

Visualisieren Sie den erwünschten Endzustand und besetzen Sie ihn positiv. Achtung: Berücksichtigen Sie alle Ebenen! Zum Beispiel: "Geldprobleme" werden oft verwechselt mit "Wohlstandsproblemen"; Wohlstand sollte ganzheitlich definiert werden, Geld hingegen als ein Aspekt des Wohlstands.

ANREGUNG: Sehen Sie die Meisterung von Schwierigkeiten immer als Voraussetzung für weitere Entwicklungen!

Gelassenheit und Ruhe sind unabdingbare Voraussetzungen für klare Gedanken und für eine nachvollziehbare Intuition.

Menschen, die diese Erfahrung des öfteren selber gemacht haben, nehmen dem Zweifel ganz bewusst die Möglichkeit, sich zu entfalten. Und das tun Sie, weil sie wissen, dass Zweifel positive Prozesse hinauszögern oder sogar verhindern können. Doch auch dieses Wissen, das das von Eltern und Lehrern vermittelte Grundwissen häufig in Frage stellt, muss diese Menschen im Vorfeld irgendwie erreicht haben.

Hier gibt es sehr viele Möglichkeiten, aber das, was immer eine wesentliche Rolle spielt, ist der Glaube und die Auseinandersetzung damit.

Glauben Sie an diese Energie in sich! Der Glaube ist nichts anderes als eine innere Gewissheit, und dieses Wissen strahlen Sie nach Außen, wenn es sich in Ihrem Inneren manifestiert hat. Sie werden spüren, ob Sie wirklich glauben, denn der Glaube geht einher mit einem Gefühl des Vertrauens. Sie nehmen eine positive, konstruktive Geisteshaltung an, und das wird seine Wirkung nicht verfehlen. Dabei geht es nicht darum, irgendeine Möglichkeit in Erwägung zu ziehen, zu sagen, es wäre schön, wenn dieses oder jenes geschehen würde. Werden Sie konkret! Signalisieren Sie Ihrer unbegrenzten Energie mittels Ihres Bewusstseins, was Sie erreichen wollen und glauben Sie daran! Setzen Sie Ursachen!

Und beobachten Sie die Wirkungen. Vor allen Dingen sollten Sie immer die richtige Reihenfolge beachten. Denken Sie an das Beispiel mit dem Magengeschwür!

Wegweiser zum Wachstum

Die Grundlage aller Wissenschaft und Forschung beruht auf zwei Annahmen: Erstens, dass dieses Universum eine Ordnung birgt. Und zweitens, dass der menschliche Geist in der Lage ist, diese Ordnung zu erkennen und zu entschlüsseln. Und das birgt Wachstum.

Sehen Sie sich in der Natur um. Das Wachstumsprinzip ist universell. Wasser will fließen, und sanft und unaufhaltsam bahnt es sich über alle

Hindernisse hinweg seinen Weg. Pflanzen wollen wachsen, und der Samen eines Baumes durchbricht Beton und Felsen, um ein Baum zu werden. Auch wir sind hier, um Schwierigkeiten zu meistern und daran zu wachsen.

Also: Während Sie sich im oben angenommenem Fall mit einem Magengeschwür herumärgern, geht das Leben an Ihnen vorbei; und somit vielleicht auch Ihre Aufgabe, Ihr Wachstum. Nun denken Sie vielleicht, dass das Magengeschwür für Ihr persönliches Wachstum wichtig war. Ich stelle diesen Gedanken in Frage. Ich bin vielmehr der Meinung, dass nicht jeder Mensch jede negative Erfahrung selbst erleben muss, um daraus zu lernen. Zwar kann ich bis heute, was mein bisheriges Leben betrifft, nicht annähernd genau differenzieren, welche Erfahrungen für mein persönliches Wachstum notwendig waren - und welche nicht. Ich glaube jedoch, dass die Notwendigkeit, gewisse Erfahrungen selbst zu erleben, mit wachsender Bewusstheit abnimmt.
Denn wenn ein großes Maß an Bewusstheit erreicht ist, bedeutet es gleichzeitig, dass am Leben anderer Menschen viel mehr teilgenommen wird, als es vielleicht vordem der Fall war. Und diese Teilnahme ist keine Teilnahme aus Sensationslust, Neugierde oder gar wirtschaftlichen Interessen. Es ist eine Teilnahme aus ehrlichem Mitgefühl. In dieser Bewusstheit zu leben, ist gleichbedeutend mit der Erkenntnis, dass es Niemanden auf dieser Welt gibt, der besser ist, als man selbst. Aber auch Niemanden, der schlechter ist. Niemanden der wichtiger ist, aber auch niemanden der unwichtiger ist.

Wertvolle Begegnungen

Ich möchte das eben Beschriebene an einem Beispiel erläutern. Stellen Sie sich vor, Sie lernen jemanden kennen, der, egal worum es geht, anderer Meinung ist als Sie. Das ist jedenfalls Ihr Gefühl. Und dieser jemand erlaubt es sich darüber hinaus auch noch, Sie zu hinterfragen, und das hinsichtlich verschiedener Dinge in Ihrem Leben, die Sie doch schon allein aufgrund Ihrer größeren Lebenserfahrung und fundierteren Ausbildung sehr viel besser beurteilen können.

Auf der anderen Seite wirkt dieser Mensch auf eine seltsame Art interessant auf Sie. Und einiges, was er sagt, scheint auch ganz vernünftig zu sein,... aber so einfach, denken Sie, kann das alles nicht sein. Das Leben ist kein Kindergeburtstag. Basta.

Nun gibt es im wesentlichen zwei Möglichkeiten für Sie, mit einer solchen Bekanntschaft umzugehen. Entweder, Sie distanzieren sich und lassen den Kontakt über kurz oder lang einschlafen. Dies ist nach meiner Erfahrung die Möglichkeit, von der sehr oft Gebrauch gemacht wird. Im übrigen wird diese Wahl auch erstaunlich oft innerhalb von Kernfamilien getroffen. Diese Möglichkeit birgt jedoch letztendlich nichts als Ärger, Frust und Stagnation. Also genau das, was einem gesunden Wachstum widerspricht.

Die andere Möglichkeit: Sie lassen sich inspirieren - Sie wägen ab. Sie entschließen sich, andere Meinungen, die ja aufgrund anderer Erfahrungen entstanden sind, anzunehmen. Und dies ist ein bedeutender Punkt: Sie können sich nämlich nicht sicher sein, dass Sie, wenn Sie die Erfahrungen Ihres Gegenübers gemacht hätten, heute nicht gleiche Einstellungen und Meinungen wie die Ihres Gegenübers vertreten würden.

Wenn Sie an Ihrer eigenen Entfaltung und an Ihrem eigenen Wachstum wirklich interessiert sind, gibt es einige Argumente dafür, die zweite Möglichkeit der ersten vorzuziehen. Und auch wenn in der einen oder anderen Hinsicht Ihre Argumente definitiv stärker und auch nachvollziehbarer erscheinen - nachdem Sie wirklich reflektiert haben - dann freuen Sie sich doch einfach nur darüber! Es gibt überhaupt keinen Grund, sich wegen Meinungsverschiedenheiten zu streiten oder gar voneinander zu distanzieren. Noch einmal: es gibt keinen Zufall. Es gibt keine zufälligen Begegnungen. Ich behaupte sogar, jede Begegnung birgt für jede der an der Begegnung beteiligten Personen etwas ausgesprochen Positives: und das ist Wachstumspotenzial. Denn entweder, Sie finden eine Bestätigung Ihrer Haltung; das macht Sie sicherer und stärkt Ihre Grundlage, auf der Sie dann weiter aufbauen können. Oder aber, Sie werden eines Besseren belehrt. Dann nehmen Sie die neuen, stärkeren Argumente an, und nutzen diese dann für Ihre Grundlage.

Vom Samen des Baumes

Wachstum will geduldig angenommen werden. Nehmen Sie sich Zeit für sich und andere. Leisten Sie sich diese Geduld. Ebenfalls für sich und andere.

Glauben Sie an Wachstum! Sie werden sehen, es lohnt sich. Stellen Sie sich beispielsweise vor, Ihr Ziel sei es, einen Baum in Ihrem Garten wachsen zu lassen. Und Sie entscheiden sich, dies zu tun. Nun haben Sie die Saat gelegt und warten auf das Frühjahr. Sie wissen, dass dieser Baum wachsen wird. Sie werden also nicht nach einigen Wochen die Saat wieder ausgraben, um sich zu vergewissern, dass er wachsen wird. Sie haben jetzt nichts anderes mehr zu tun, als die Saat zu pflegen. Und die erforderliche Geduld aufzubringen. Zu Anfang mögen vielleicht Witterungsverhältnisse oder andere Einflüsse Ihrer Meinung nach gegen das Wachstum des Baumes sprechen. Doch Sie werden dem Baum eine Chance geben. Sie pflegen die Saat einfach weiter. Sie wissen nicht, wie Ihr Baum genau aussehen wird, wenn sein Wachstum voranschreitet. Sie wissen auch nicht, ob Ihr Baum nicht der Prachtvollste weit und breit sein wird.

Das, was Sie sicher wissen, ist, dass Sie eine Entscheidung getroffen haben. Es war die Entscheidung, einen Baum zu pflanzen. Und daran haben Sie geglaubt. Sie haben die Grundlage in Form der Saat gelegt, und sich um die Pflege derselben bemüht. Warum treten Sie nun nicht einfach zurück, und erfreuen sich an der Entfaltung Ihrer Saat?

Was Sie auch immer pflanzen möchten in Ihrem Leben, die Grundlage dafür ist und bleibt Ihre Entscheidung, verbunden mit Ihrem Glauben. Und das, was Sie auf dieser Basis tatsächlich pflanzen, das wird wachsen.

Sie haben sich dieses Leben mit allen seinen Umständen gewählt. Jetzt werden Sie sich vielleicht fragen, warum Sie sich gerade diese Lebensumstände ausgesucht haben sollten? Warum diesen Körper, diese Familie, warum keine aufregendere Umgebung, und so weiter?! Die Antwort ist, dass genau diese Lebensumstände, dieser Körper, diese Familie, diese Umgebung Ihnen alles bieten, was Sie für Ihre weitere Entwicklung brauchen. Und genau das wussten Sie, als Sie diese irdische Bühne betraten.

Das Ziel Ihres Lebens, Ihr Auftrag, ist tief in Ihrem Inneren eingeschrieben. Dieses Ziel hat Sie nie verlassen, und egal wie Sie bis heute gelebt haben, wer oder was Sie sind: es wird Sie nie verlassen. Denn es ist das Beste, was Ihnen je widerfahren wird.

Wenden Sie sich diesem Ziel zu, und betrachten Sie Ihr Leben als die beste Möglichkeit, in Ihrer Entwicklung weiterzugehen, Ihr Wesen zu entfalten und bewusst zu einem umfassenden Ausdruck Ihrer Lebensenergie zu werden.

Epilog

Auch was Du falsch machst, machst Du richtig.
Begreife dieses, dann ist der nächste Schritt
in Deiner Bewusstseinsentwicklung vollzogen.

Und nun lasse konkrete Handlungen folgen.

SÉLAN

Der Einfluss des Unterbewusstseins

Nicht im reflektierten Bewusstsein,
sondern in den Tiefen des Gemüts liegen die
schöpferischen Lebenskräfte.

Rudolf Paulsen
Deutscher Lyriker

Was ist das überhaupt, das Unterbewusstsein? Was bewirkt es? Welche Bedeutung hat es in Ihrem Leben - und welche könnte es haben?
Ich behaupte, dass es in Ihrem ganz persönlichen Vermögen liegt, im Einklang mit Ihrem Unterbewusstsein zu leben. Denn Ihr Unterbewusstsein ist in allen vorstellbaren Lebensbereichen der stärkste und zugleich zu-verlässigste Partner, den Sie sich wünschen können. Es tut nur das, was Sie bewusst oder unbewusst von ihm verlangen. Das bewusste Verlangen vermitteln Sie ihm durch Ihr Denken. Das unbewusste durch Ihren Glauben. Allein dieses ist schon Grund genug, sich einmal näher mit diesem Partner zu beschäftigen.

Ihr Unterbewusstsein steht Ihnen vierundzwanzig Stunden am Tag zur Verfügung und wartet nur darauf, von Ihnen eingesetzt zu werden. Es schläft nie. Und während Sie schlafen, kontrolliert es alle lebenswichtigen Prozesse Ihres Körpers. Es verleiht allen von Ihnen eingeprägten Denk- und Vorstellungsweisen Gestalt und bringt diese als Erfahrungen und Ereignisse in Ihrem täglichen Leben zur Geltung.

Woher kommen nun die Prägungen Ihrer Denk- und Vorstellungsweisen? Der berühmte Schweizer Tiefenpsychologe und Psychiater Carl Gustav Jung sprach hier von den Erfahrungen der Menschheit und nannte sie das kollektive Unbewusste. Dieses kollektive Unbewusste ist angefüllt mit Erfahrungen, Überzeugungen und Meinungen aus der Jahrtausende alten Geschichte der Menschheit, und wird von Generation zu Generation weiter-gereicht. Es wird angereichert durch jeweils selbst abgeleitete Überzeugungen, denen die Erfahrungen der Menschheit zugrunde liegen.

Wenn Sie von einer unglaublichen Begebenheit hören, durchforsten Sie das kollektive Unbewusste und Ihre eigenen daraus abgeleiteten Erfahrungen nach einer Erklärung für diese Unglaublichkeit. Finden Sie keine, so werden Sie diese Begebenheit nicht ohne Weiteres glauben, und die Sache bleibt für Sie blanke Theorie. Eine solche Begebenheit könnte beispielsweise die Geschichte eines Menschen sein, der als unheilbar krank galt, dann aber doch gesundete. Im kollektiven Unbewussten finden Sie geschrieben, dass unheilbar unheilbar ist, und dass dieser Fall eine große Ausnahme sein muss, die nicht übertragbar sein kann.

Es hat sich demnach dort noch nicht manifestiert, dass es keine unheilbaren Krankheiten, sondern nur unheilbare Menschen gibt.

Ein anderes Beispiel: Wer hätte vor hundert Jahren eine Bestätigung im kollektiven Unbewussten dafür gefunden, dass es möglich ist, zum Mond zu fliegen? Das Gleiche gilt für das Internet, das mobile Telefonieren, für die Gesamtheit der Datenfernübertragungen, die heute wie selbstverständlich genutzt werden. Oder denken Sie an die aktuellen Diskussionen um die Biotechnologie, die Genforschung und so weiter. Diese Aufzählung ließe sich endlos fortsetzen.

Ein starker Partner

Wo sind die Grenzen? Sie befinden sich in uns. Ob es sich nun um den unheilbar Kranken handelt, oder um den Fortschritt in den unterschiedlichen Sparten der Wissenschaft. Dort, wo die Grenzen überschritten wer-den, haben die beteiligten Menschen eines gemeinsam: Sie haben das scheinbar Unmögliche möglich gemacht. Das haben sie erreicht, indem sie sich von den Glaubensmustern der Menschheit gelöst haben. Alle diese Menschen verbindet eine Vision, ein fester Glaube, den sie ihrem Unterbewussten mitgeteilt haben. Sie haben die unendliche Kraft zugelassen, und haben ihr so die Möglichkeit gegeben, zu wirken.
Diese Kraft verbindet uns alle.

Sie lesen richtig: uns alle. Auch Sie sind gemeint. Aber nur Sie können diese Kraft für sich zulassen. Lösen Sie sich von Ihren Gewohnheiten, die nichts anderes sind, als Gedanken - und Erfahrungsgut, das sich bei Ihnen durch ständige Wiederholungen eingeprägt hat. Lassen Sie alles los! Die Möglichkeiten, die gut für Sie und Ihr weiteres Leben sind, werden bleiben, und Sie werden sich deutlicher zeigen als je zuvor.

Gehen Sie neue Wege! Nur so lernen Sie, Ihr Unterbewusstsein durch Ihr bewusstes Denken und Ihren bewussten Glauben zu steuern.

Vergegenwärtigen Sie sich immer wieder, was Sie denken, und wie Sie es denken. Das Gleiche gilt für Ihren Glauben. Nehmen Sie Einfluss auf angenommene Grenzen. Nur so erkennen Sie die Macht Ihres überaus starken Partners.

Wie fangen Sie nun am Besten an? Zuerst sollten Sie sich darüber bewusst werden, dass Ihnen Ihr Unterbewusstsein jederzeit zur Verfügung steht. Und jetzt ist die Tür geöffnet, hinter der sich die neuen Wege befinden. Sie brauchen nur noch hindurch zu gehen.

Na los,... Sie sind bereit, gehen Sie schon!

Die Sprache des Unterbewusstseins

Wenn Sie sich mit jemandem verständigen wollen, dessen Sprache Sie nicht sprechen, müssen Sie einen Weg finden, mit ihm zu kommunizieren. Die Sprache des Unterbewusstseins ist eine Bildersprache. Werden Sie sich klar darüber, dass Sie beginnen sollten, diese

Bildersprache zu lernen, oder erneut zu lernen, weil Sie sie verlernt haben.

Doch auch lernen will gelernt sein. Wie lernen Sie am Besten? Denken Sie nochmals an den Zen-Schüler. Machen Sie also Platz für die neuen Inhalte, öffnen Sie sich und beobachten Sie. Genau so machen Sie sich bereit, sich zu erweitern, und das Gelernte wird sich wie von selbst in Ihr Leben integrieren. Dabei werden oftmals alte Verhaltensmuster verschoben oder auch völlig aufgehoben. Werte verändern sich und Wichtigkeiten variieren. Vielleicht machen Sie auch Fehler, während Sie lernen. Doch das ist nicht wichtig. Es gibt keinen Fehler, der nicht berichtigt werden könnte. Und wer könnte Sie dafür verurteilen? Ich meine wirklich verurteilen! Ich meine also nicht die Menschen, die durch die Welt ziehen, und durch „Sticheleien" und „Besserwissereien" stets versuchen, von ihrer eigenen Nichtbereitschaft, sich zu entwickeln, abzulenken. Vielleicht wird der eine oder andere dieser Menschen sogar nach der Begegnung mit Ihnen eine gewisse Bereitschaft in sich verspüren, Entwicklung zu zulassen. Jede Begegnung hat ihre Grundlage. Lassen Sie sich also nicht dazu hinreißen, ebenfalls zu verurteilen. Sie wollen nur lernen, und wenn Sie weiterhin diese Bereitschaft in sich haben, werden die sogenannten Fehler niemals über-bewertet werden können. Jeder Mensch lernt beständig - auch die Menschen, die eigentlich nicht dazu bereit sind. Der Unterschied ist nur, dass diese Menschen meistens mit dem subjektiven Empfinden großer Enttäuschungen und Entbehrungen lernen, und dass sie viele Wege nicht nur doppelt oder dreifach, sondern vielfach gehen.

Auf das Thema „Begegnungen" werde ich im nächsten Kapitel noch genauer eingehen. Doch nun erst einmal wieder zurück zur Sprache des Unterbewusstseins.

Jedes Lernen kann in drei Phasen unterteilt werden, die immer wieder ineinander greifen: erkennen, verstehen und integrieren. Sie müssen also erst etwas erkennen, bevor Sie es verstehen und in Ihr Leben integrieren können.

Übertragen Sie diese Aussage nun bitte auf den Umgang mit Ihrem Unterbewusstsein. Es reagiert auf Bilder, das heißt, jede bildhafte Vorstellung, die Sie sich machen, wird angenommen mit dem Ziel, diese umzusetzen. Die bildhafte Vorstellung ist eine naturgegebene Fähigkeit, die besonders bei Kindern noch völlig ungetrübt vorhanden ist.

Stellen Sie sich nun vor, Sie wären ein Künstler. Sie bekommen den Auftrag, ein Gemälde zu fertigen. Das Thema: Ruhig anmutende Naturlandschaft mit Waldtieren. Selbstverständlich haben Sie sofort eine Vorstellung, wie dieses Gemälde aussehen könnte.

Sie erkennen! Doch bevor Sie anfangen zu malen, präzisieren Sie diese Vorstellung. Sie stellen sozusagen sicher, das Erkannte verstanden zu haben. Jetzt denken Sie über die Farben und Formen nach, über Hintergründe und Vordergründe, etc. Sie erschaffen dieses Bild durch Ihre Imagination. Erst jetzt fangen Sie an zu malen. Das heißt, Sie integrieren diese Imagination. Und während Sie malen, werden Sie mit jedem Pinselstrich weiterhin inspiriert.

Diese Beispiel können Sie auf alle Bereiche Ihres Lebens übertragen. Auch wenn Sie bezüglich einer Situation oder eines Wunsches keine bestimmten Vorstellungen in Ihr Bewusstsein aufnehmen, Ihr Unterbewusstsein hat eine bestimmte Vorstellung. Wenn es keine bewusste Vorstellung als Vorgabe bekommen hat, sucht es in seinem Speicher, dem kollektiven Unbewussten, nach alten Bildern. Es hat kein genaues Bild von Ihnen bekommen, und muss daher auf vorhandene Muster zurückgreifen.

Konkrete Bestellungen

Achten Sie also immer darauf, dass Sie ganz konkrete Bestellungen aufgeben. Warum sollte es auch anders sein, als es im alltäglichen, äußeren Leben der Fall ist? Wenn Sie hier eine Bestellung aufgeben - sagen wir per Telefon - müssen Sie auch konkret werden. Denn nach Ihren Angaben werden Sie beliefert. Wenn Sie dem Lieferanten am anderen Ende der Leitung eine erforderliche Angabe nicht machen, aber trotzdem darauf bestehen, beliefert zu werden, werden Sie höchst-wahrscheinlich mit dem Resultat nicht sehr zufrieden sein. Ihr Gesprächspartner hat natürlich auch die Möglichkeit, die Zustellung zu verweigern, oder er beliefert Sie nach seinen Erfahrungswerten, in der Hoffnung, dass diese auch auf Sie zutreffen.

Also achten Sie darauf: Geben Sie konkrete Bestellungen auf, und das Ergebnis wird Ihren Vorstellungen entsprechen. Und überlegen Sie sich vorher ganz genau, ob Sie das, was auf ihrer

Bestelliste steht, auch wirklich wollen. Wenn Sie sich dessen sicher sind, treten Sie in Kommunikation mit Ihrem Unterbewusstsein. Gehen Sie direkte Wege, und vermeiden Sie Umwege.

Hierzu ein Beispiel: Vor einiger Zeit wurde ich von Jemandem gefragt, wie er es bewerkstelligen könne, die wenigen Kilometer zu seinem Arbeitsplatz bei schönem Wetter statt mit dem Auto, mit dem Fahrrad zu fahren. Diese Frage war nicht auf die praktische Umsetzung ausgerichtet, falls Sie das jetzt denken. Der Mann konnte bereits Fahrrad fahren. Es ging ihm vielmehr darum, mit einem entsprechend positiven Gefühl etwas Bewegung in sein Leben zu bringen. Sie wissen schon, Gesundheit, Fitness, Wohlgefühl, straffe Körperkonturen und so weiter. Im Grunde wollte er nur einen Ratschlag, wie er seinen „inneren Schweinehund" überwinden könne.

Er erzählte mir, dass er bereits versucht hätte, über Imagination und Autosuggestion (Selbstbeeinflussung) ein für sich positives Ergebnis zu erzielen. Dies war ihm jedoch nicht zu seiner Zufriedenheit gelungen. Nach kurzer Unterhaltung stellte sich heraus, dass er bisher negierend vorgegangen war. Das heißt, er sah in seiner Imagination das, was er nicht mehr wollte. Und ebenso betrieb er auch die Autosuggestion.

Er sagte sich: "Ich fahre nicht mehr mit dem Auto zur Arbeit." Durch diese Vorgehensweise wurde das Autofahren immer wieder auf den Plan gerufen, und da es in diesem Fall ohnehin schon emotionale Widersprüche gab, konnte das Unterbewusstsein keine hundertprozentige Unterstützung in eine Richtung geben.

Das Unterbewusstsein reagiert sofort auf eindeutige Vorgehensweisen, vorgetragen aus der Ruhe und ohne Zweifel. Dies erklärte ich meinem Gegenüber und empfahl ihm, das zu imaginieren und zu suggerieren, was er erreichen wollte - und nicht das, was er nicht mehr wollte.

In diesem Falle also: „Ich fahre mit dem Fahrrad zur Arbeit."

Dies ist eine Vorstellung, auf die jedes Unterbewusstsein reagiert. Dieser Satz kann und sollte mit möglichst vielen - für den Betroffenen - positiven Attributen erweitert werden.

Beispielsweise: „Ich fahre mit dem Fahrrad zur Arbeit. Ich freue mich darauf, mich morgens an der frischen Luft zu bewegen. Ich genieße die frische Luft, die ich während der Fahrradfahrt zur Arbeit einatme. Ich freue mich darauf, fit und ausgeglichen an meinem Arbeitsplatz anzukommen. Durch die frische Luft, die ich morgens während der Fahrradfahrt einatme, fühle ich mich frisch und ausgeglichen...", usw.

Hier sind der Phantasie keine Grenzen gesetzt. Wichtig ist die positive Ausrichtung und die Eindeutigkeit der Aussagen.

Darüber hinaus ist es sehr wichtig, dass schon während der Imagination und der Autosuggestion gute Gefühle entstehen und deutlich wahrgenommen werden.

Nach etwa zwei Wochen rief mich mein Gesprächspartner an und erzählte mir, dass es für ihn nunmehr kein Problem mehr darstellte, sich morgens auf das Fahrrad zu schwingen. Er hatte den Eindruck, dass diese kleine Veränderung in seinem Leben bereits mehr positive Auswirkungen hätte, als er überhaupt erwartet hatte.

Positive Ergebnisse durch inspiratives Denken

Hier wurden gewünschte Ergebnisse erzielt, ganz einfach durch bewusstes, ausgerichtetes Steuern der eigenen Gedanken.

Beginnen Sie bei Ihren Gedanken. Denn Ihre Lebensumstände existieren durch Ihre Gedanken. Die Gedanken, die Sie denken, ziehen Handlungen nach sich, und diese wiederum erschaffen die Wirkungen in Ihrem Leben. Die meisten Gedanken finden unbewusst statt, auch die Gedanken aus Ihrer Kindheit wirken sehr zuverlässig. Doch Ihnen obliegt die Entscheidung, aufgrund irgendwelcher unbewusster Prozesse einfach alles zuzulassen, oder bewusst darüber nachzudenken, ob Ihnen die Auswirkungen dieser Prozesse noch gefallen. Sie können Einfluss nehmen.

Durch ständiges Wiederholen von Gedankenmustern und Redewendungen, wie: „Das schaffe ich nie..., das würde mich sehr traurig machen..., bei Geld hört die Freundschaft auf..., ich bin nicht gut genug...," überzeugen Sie Ihr Unterbewusstsein von diesen Dingen, und es beginnt, sich nach Ihren Behauptungen zu verhalten. Das führt dazu, dass Sie mit Ihrem Leben und Ihren jeweiligen Lebensumständen unzufrieden werden, und Sie sich immer öfter die Frage stellen, warum gerade Sie so viel im Leben ertragen müssen.

Stattdessen könnten Sie einfach Ihre schöpferischen Qualitäten zulassen, indem Sie anfangen, Ihre Gedanken zu beherrschen und Ihrem Vorstellungsvermögen den Platz einzuräumen, der ihm zusteht.

Hören Sie auf, auf Wunder zu hoffen. Sie sind das Wunder! Die größten Schwierigkeiten, die Ihnen begegnen, stellen in Wahrheit nur die größten Möglichkeiten für Sie dar, sich zu entwickeln.

Also: Kreieren Sie sich in jeder Lebenssituation, in der es darum geht, ein Ziel zu erreichen, ein positives Bild vom Endzustand dieses Ziels. Dann halten Sie dieses Bild für einige Minuten vor Ihrem geistigen Auge fest und freuen Sie sich darüber. Durch diese Freude setzen Sie eine Energie frei, die Ihr Unterbewusstsein für die schnellstmögliche Erfüllung Ihres Wunsches verwendet. Doch dieser Endzustand wird möglicherweise auf einem anderen Weg erreicht werden, als dem, der Ihrem derzeitigen Vorstellungsvermögen entspricht. Und das ist gut so. Denn alles andere würde Stagnation bedeuten. Werden Sie nicht ungeduldig und geben Sie Ihrem Unterbewusstsein die Möglichkeit zur Entfaltung. Glauben Sie daran, dass der Endzustand auf jeden Fall erreicht wird. Erinnern Sie sich: Ihr Verstand wird Ihnen niemals den Weg zu Ihrem Ziel erklären können. Und wann immer er Sie mit Zweifeln konfrontiert, bemühen Sie Ihr geistiges Auge! Ihr Unterbewusstsein wird reagieren. Leben Sie im positiven Einklang mit Ihrem Unterbewusstsein! Sie werden staunen, wie zuverlässig es Ihnen dient.

Epilog

Und wenn Du immer noch glaubst,
das Leben habe Dir schlechte Karten zugeteilt,
bedenke folgendes: Alles ist relativ!
Doch selbst wenn es nicht so wäre: Auch mit einem
schlechten Blatt kann man *relativ* gut spielen.

Und jetzt kommt die Freude zurück!
Denn wer beurteilt die Relativität?

SÉLAN

Die Inspiration Leben

**Ihr seid nicht in euren Körpern eingeschlossen,
noch an die Felder oder Häuser gebunden.
Das, was Ihr seid, wohnt über dem Berg
und treibt mit dem Wind.**

Khalil Gibran
Amerik. Maler und Dichter

Das Leben ist inspirierend.
Dieser Satz mag im ersten Moment ziemlich pauschal erscheinen, und vielleicht sind Sie der Meinung, dass man ihn keinesfalls verallgemeinern kann. Lassen Sie diesen Satz dennoch eine Weile wirken. Ohne „Wenn und Aber". Lassen Sie sich von der Aussage inspirieren, dass das Leben inspirierend ist...

Und nun andersherum: Was könnte einer möglichen Uninspiriertheit zugrunde liegen?
Ich meine, dass einer der größten Irrtümer der Menschheit derjenige ist, davon auszugehen, Leben hinge unmittelbar mit Körperlichkeit zusammen. Korrekterweise müsste man in diesem Fall vom „körperlichen Leben" reden. Der Körper aber kann sterben. Die Ursache des körperlichen Todes ist die Erschöpfung oder Zerstörung eines oder mehrerer Körperorgane.
Ist damit alles zu Ende?

Diese Annahme ruft, zu Ende gedacht, Verzweiflung und Ängste hervor. Vielleicht kennen Sie die eine oder andere Person, die, scheinbar von Egoismus und Materialismus getrieben, ihr Leben lebt. Möglicherweise ist das, was diese Person antreibt, aber auch die Angst und Verzweiflung, eines Tages alles zu verlieren? Doch dazu später mehr.

Inspirierte Zwischenmenschlichkeit

Um das Thema inspiriertes, beziehungsweise uninspiriertes Leben zu verdeutlichen, bitte ich Sie nun, einige Minuten über die Person nachzudenken, die Ihnen soeben als erste eingefallen war.
Welche Rolle spielt sie in Ihrem Leben? Wie stehen Sie zu ihr? Wie gehen Sie Ihrer eigenen Meinung nach mit dieser Person um, etc?
Nun mal ganz ehrlich: Welche Ausrichtung hatten Ihre Gedanken? Waren sie eher negativ oder eher positiv? Haben Sie den Egoismus und den Materialismus, den Sie diesem Menschen zuschreiben, beurteilt, ja sogar verurteilt? Oder waren Sie gedanklich aufgeschlossen?
Falls Sie, was gewiss für die meisten Fälle zutrifft, geurteilt haben, wie werden sich Ihre Gedanken bei Begegnungen mit dieser Person auswirken?
Sie werden nicht in der Lage sein, den betroffenen Menschen mit all seinen Aspekten so wahrzunehmen wie er ist, sondern in seinem Verhalten und in seinen Aussagen nur Bestätigungen für Ihre subjektive Meinung finden. Und wenn Sie dieser Person in fünf Jahren noch einmal begegnen? Wie werden Sie sich dann verhalten?

Wenn Sie bezüglich Ihrer Wahrnehmungsmuster in der Zwischenzeit keine Entwicklung zugelassen haben, dann werden Sie vermutlich immer noch die gleichen Schablonen anlegen, um die betroffene Person zu kategorisieren. Und nach wie vor werden in Ihrem Urteil in Bezug auf diese Person Egoismus und Materialismus tragende Rollen spielen.

Jeder Mensch kennt diese Strukturen: Hat man einmal eine Meinung über jemanden, einen wie auch immer gefärbten Eindruck, egal ob dieser Eindruck aus persönlichen Begegnungen entstanden oder nur das Resultat aus dem sogenannten „Hörensagen" ist, so ist es gar nicht mehr so einfach, diesem Menschen jenseits dieses Eindrucks zu begegnen. Begegnungen dieser Art sind vielleicht auf dem ersten Blick nicht unbedingt inspirierend, bergen aber eine Menge Lernpotenzial.
Dieses Lernpotenzial bewusst anzunehmen, setzt die Bereitschaft voraus, selbst einen Schritt voranzugehen. Und dann wirkt es sich wie folgt aus: Sie gehen gedanklich vollkommen offen in die Begegnung mit diesem und jedem anderen Menschen, und werden auf einmal Aspekte an ihm sehen, die Ihnen zuvor völlig entgangen sind.

Es lohnt sich etwas meiner Meinung nach sehr wichtiges an dieser Stelle zu beachten. Stellen Sie sich einmal vor, Sie seien gerade frisch verliebt. Normalerweise sind Sie jetzt großzügig, aufgeschlossen und nachsichtig. Und plötzlich finden Sie sich in einer liebevollen Welt wieder. Denn die

Menschen, die Sie umgeben, reagieren ebenso auf Sie.

Nun stellen Sie sich vor, Sie seien richtig schlecht gelaunt. Nichts scheint momentan in Ihrem Leben zu funktionieren, alles läuft Ihrer Ansicht nach schief.

Das Ergebnis: Sie verhalten sich widersinnig und sind reizbar. Und sehr bald schon merken Sie, dass die Menschen, die Sie umgeben, ähnlich auf Sie reagieren.

Was drückt sich in dieser Gegenüberstellung aus? Ganz einfach: Hier zeigt sich deutlich, dass Sie sich Ihre Welt selbst erschaffen. Mit allem was Sie denken, sagen oder tun, konstruieren Sie sich Ihre eigene Welt, mit der Sie natürlich jederzeit konfrontiert werden.

Ich möchte Ihre Lesefreude nicht überstrapazieren, trotzdem fordere ich Sie nun noch einmal auf, an eine Person zu denken, über die Sie sich ärgern.

Und jetzt stellen Sie sich ganz ehrlich die Frage, ob der Grund für Ihren Ärger nicht der ist, dass diese Person Ihnen Ihre eigenen Schwächen, oder sogenannten Schwächen, vor Augen führt. Könnte es vielleicht sein, dass das, was diese Person sagt oder tut, Sie nur auf etwas in Ihrem eigenen Leben hinweist, was Sie sich bisher geweigert haben zu sehen?

Wenn es so ist, dann hätten Sie also in diesem Fall Ihre eigenen angenommenen Schwächen unterdrückt, und sie auf eben diese Person projiziert. So ist es sehr oft, und das ist dann der Grund für persönliche Konflikte und Ärgernisse.

Damit sich Inspiration frei entfalten kann, ist es daher eine absolute Notwendigkeit, sich gedanklich völlig frei zu bewegen. Insbesondere sich selbst gegenüber.

Indem Sie gedanklich frei von Begegnung zu Begegnung gehen, setzen Sie die Erkenntnis voraus, dass Sie selbst noch nicht am Ende Ihrer Entwicklungen und Erfahrungen angelangt sind, und Ihnen alles entsprechend Ihrem ganz persönlichen Erfahrungshorizont erscheint. Sie sind sich bewusst, dass man Menschen aus der eigenen subjektiven Warte gar nicht beurteilen *kann* (Sie erinnern sich: „Wie wäre ich, wenn ich dieselben Erfahrungen gemacht hätte wie dieser Mensch?", „Welche eigenen Erfahrungen filtern meine Wahrnehmung?", etc), und dass sich jeder Menschen in einem Entwicklungsprozess befindet, also wahrscheinlich längst nicht mehr dort steht, wo Sie ihn vielleicht vorschnell „hinurteilen" würden.

Diese Haltung bringt es mit sich, dass Sie allen Menschen mit einer gewissen Neugierde begegnen, denn der Ausgang dieser Begegnungen ist offen, und sie tragen das Potenzial in sich, anregend und *inspirierend* zu sein.

Bedenken Sie immer: In jeder Begegnung begegnet man sich selbst - indem man das, was man aussendet, zurückerhält. Das ist das Wesen unserer geistigen Verwandtschaft.

Der unsterbliche Geist

Doch nun zurück zum Thema Körper und Geist. Unser Geist, der Träger unseres Bewusstseins, kann nicht sterben.

Der Geist inkarniert sich jeweils für die Dauer eines körperlichen Lebens. Der Körper ist und bleibt völlig neutral. Wir benutzen ihn als Werkzeug, um durch Erfahrungen in unserem Menschsein unser Bewusstsein zu erweitern. Wenn wir einen Aspekt des Lebens, dieser fließenden Energie, nicht zulassen, ihn bewusst oder unbewusst zu unterbinden versuchen, entsteht ein Energiestau. Wird dieser nicht beseitigt, äußert er sich im Folgenden durch körperliche Schwäche, Müdigkeit, Krankheit, Schmerzen und Leid.

Wir bedürfen der körperlichen Formen immer wieder, und zwar so lange, bis wir die Lektionen des Lebens gelernt haben. Wenn dieses Ziel erreicht worden ist, wenn uns bewusst geworden ist, dass wir ewig leben, werden wir uns nicht mehr verkörpern.

Versuchen Sie sich das einmal vorzustellen: Sie sind! Sie leben! Nicht auf dieser körperlichen Ebene, sondern als unsterblicher Geist. Und Sie werden die körperliche Ebene auch nicht vermissen. Die Natur liefert uns dafür viele Beispiele:
Der Frosch vermisst nicht die Kaulquappe, der Schmetterling vermisst nicht die Raupe. Und auch wir Menschen durchleben zu Beginn unseres körperlichen Lebens eine sogenannte embryonale Metamorphose, also eine Gestaltwandlung. Auch wir sehnen uns nicht danach, diese embryonale Phase nochmals zu durchleben.
Alle Entwicklungen, die erkennbare Wandlungen mit sich bringen, sind in unserem Bewusstsein an eine Gestalt gebunden.

Ein wesentlicher Aspekt des Menschseins ist es demnach, vom Bewusstsein des körperlichen Lebens zum Bewusstsein des unkörperlichen Lebens zu gelangen. Das bedeutet, wir sollten die Materie, die Welt und unsere Körper, als Brücke betrachten, die zu nutzen unsere Aufgabe ist, um uns unserer Unendlichkeit bewusst zu werden. Wir sollten weder auf dieser Brücke stehen bleiben, noch an ihr festhalten.

Wir sollten einfach hinübergehen.
Was uns auf der Brücke, oder möglicherweise sogar noch davor verharren lässt, sind unsere Überzeugungsmuster. Um nun losgehen zu können, sollten Sie sich zunächst darüber Klarheit verschaffen, aufgrund welcher Überzeugungsmuster Ihr Leben bisher so verlaufen ist, wie es verlaufen ist.

Das Hinterfragen von Überzeugungen

Fangen Sie bei Ihrer Geburt an. Sie kamen zur Welt, und Ihr Verstand war zu dieser Zeit ein unbeschriebenes Blatt, völlig ungetrübt. Jetzt begann Ihre Erziehung, und Erziehung hat in unseren Breitengraden fast ausschließlich damit zu tun, einem anderen Menschen Grenzen zu setzen. Sie nahmen also die Überzeugungen und somit auch die möglichen Grenzen Ihrer Erzieher an und bildeten so Ihre eigenen Überzeugungen darüber, was in Ihrem Leben getan oder nicht getan werden kann.
Logischerweise fingen Sie infolgedessen damit an, Ihre möglichen Erwartungen einzuschränken.

Diese Feststellung ist weder negativ noch positiv gemeint. Es kommt im Leben tatsächlich nur darauf an, bereit zu sein, sich selbst mit allen derzeitigen Möglichkeiten und angenommenen Grenzen zu hinterfragen. Wenn Sie das nämlich tun, werden Sie unmittelbar feststellen, dass Ihre Überzeugungen die größten Herausforderungen für Sie darstellen.

Denn diese bilden die von Ihnen akzeptierte Realität, und sie lassen mit großer Wahrscheinlichkeit keinen Platz für Ihre treffsichere Intuition und die außergewöhnlichen Fähigkeiten, die in Ihnen stecken. Persönliche Evolution bedeutet also nicht, auf Erden ein möglichst warmes und sicheres Plätzchen zu finden. Dieses Bestreben ist zwar nachvollziehbar, die Gefahr dabei ist nur, dass man mit 35 stirbt, um mit 70 begraben zu werden - mit anderen Worten: Man gerät leicht in ein Fahrwasser, das einen vermuten lässt, man habe gefunden, wofür es sich „zu kämpfen lohnt", und wodurch man versucht wird, dieses für den Rest des Lebens festzuhalten.

Persönliche Evolution bedeutet, sich frei zu machen von den vielen eingrenzenden Überzeugungen, die jeder in sich trägt, und sich zu öffnen für die eigenen Fähigkeiten, und für Möglichkeiten, die das Leben jedem Menschen bietet.

Kaum jemand ist stets rundum zufrieden mit seinen Lebensumständen. Sehr oft jedoch werden Unzufriedenheiten empfunden, weil der Mensch dazu neigt, sich zu sehr von seinem Verstand leiten zu lassen. Und da die Intuition, inklusive ihrer Ursache und ihrer Entfaltung, nie verstandesgemäß erklärt werden kann, wird der Verstand stets dazu neigen, logisch beraten zu wollen. Diese Logik bezieht er aus den besagten Überzeugungsmustern, die ihm seit Ihrer Geburt beständig vorgegeben werden.

Dieser Punkt kann nicht oft genug wiederholt werden, und ich bitte Sie daher, sich bewusst zu machen, dass diese Ansammlung von Überzeugungsmustern, die das kollektive Unbewusste bilden, zu einem ganz großen Teil aus Begrenzungen bestehen. Die meisten dieser Begrenzungen sind aus Unwissenheit entstanden, und einfach von Generation zu Generation weitergereicht worden. Und so sind auch Sie heute vielleicht an einem Punkt in Ihrem Leben angekommen, an dem Ihre Realität von den Vorstellungen und Erfahrungen der Menschen geprägt ist, die lange vor Ihnen hier waren. Das nennt sich dann Verstand!
Hört sich nicht besonders schlau an, oder?

Ihr Verstand kennt Ihre Ziele nicht. Er weiß auch nichts von Ihren Möglichkeiten. Seien Sie froh darüber! Ansonsten gäbe es keine Entwicklung mehr für Sie. Sie wären bei jeder Entscheidung, bei jeder Zielsetzung, ausschließlich damit beschäftigt, zwischen der für Sie stärkeren und der für Sie schwächeren Seite abzuwägen. Schwächen aber lassen sich nicht wegdenken, das wäre keine Entwicklung. Entwicklung beinhaltet immer eine ehrliche Auseinandersetzung mit Gefühlen und Bestrebungen, die den eigenen Glauben untergraben. Wenn Sie diese Auseinandersetzung bewusst herbeiführen, überschreiten Sie Grenzen. Die meisten Menschen jedoch bewegen sich nur innerhalb dieser Grenzen, weil sie

Angst davor haben, sie in Frage zu stellen. Ihre Erziehung scheint so übermächtig, dass sie keinen Platz mehr für Wachstum in sich vermuten.

Und so kommt es dann zu den Wahrnehmungsmustern, die Menschen in Erstaunen versetzen, wenn sie von anderen Menschen hören, die Unglaubliches bewirken können, oder die über sogenannte übernatürliche Kräfte verfügen. Doch was sind denn übernatürliche Fähigkeiten, oder auch Wunder anderes als Fähigkeiten und Dinge, die jenseits des Verstandes und der Überzeugungen stattfinden?

Ihre persönliche Fähigkeit, Grenzen aufzulösen, beruht ausschließlich darauf, mit welcher Konsequenz Sie bereit sind, den zwielichtigen Pfad alter Überzeugungsmuster zu verlassen.

Vom Habenwollen zum Sein

Nichts von dem, was Sie gegenwärtig besitzen oder halten wollen, wird Sie letztendlich begleiten - und die Entwicklung, von der ich eben sprach, kann unabhängig von allen Äußerlichkeiten stattfinden. Das Vertrauen, dass dies so ist, entsteht in dem Augenblick, indem Sie sich bewusst machen, dass Sie in eben diesem Augenblick alles haben, was Ihnen dient und was Sie genau in diesem Augenblick brauchen. Wenn das geschehen ist, wird das Menschsein zunehmend mehr von Inspiration getragen. Denn Sie erkennen, dass sich in jedem weiteren Augenblick alles verändert, außer Ihrer geistigen

Identität. Und dann erst gibt es Auswirkungen auch im Äußeren.

Diese Erkenntnis birgt sehr viel Ruhe. Und aus Vertrauen wird das unerschütterliche Vertrauen, dass Sie in den unermesslich vielen weiteren Augenblicken Ihres Lebens ebenfalls alles haben werden, was Ihnen dient.

Die Natur ist ein wunderbares Beispiel. Wenn es Herbst wird, lässt der Baum bereitwillig seine Blätter fallen. Er hat anscheinend dieses unerschütterliche Vertrauen, dass das nächste Frühjahr ihm ein neues Blätterkleid beschert. Und er hat Recht. Auch er bekommt alles, was er braucht und was ihm dient, um ein Baum zu sein.

Die Aufgabe des Menschseins im Allgemeinen ließe sich folgendermaßen zusammenfassen: Es geht darum, vom Haben und Habenwollen die Entwicklung zum Sein zu zulassen. Und diese Entwicklung vollzieht sich auf geistiger Ebene. Sie zuzulassen setzt jedoch voraus, dass Sie erkennen, dass alles, was Ihnen widerfährt, inmitten Ihres Menschseins Angebote des Lebens an Sie sind. Gerade die Angebote, die Sie als Probleme zu erkennen vermeinen, sind vielleicht nur die Verpackungen von Geschenken, die Ihnen bei Ihrer Entwicklung helfen sollen.

Ich weiß, was Sie jetzt denken. Doch urteilen Sie nicht vorschnell. Lassen Sie sich Zeit, und schauen Sie sich die Inhalte dieser Verpackungen genau an.

Nichts, was Sie im Laufe Ihres Lebens im Äußeren haben können, kann Sie wirklich glücklich machen.

Wie viele Menschen leben unter uns, die scheinbar alles haben, die aber dennoch nicht besonders glücklich sind?

Es gibt nur eines, das Sie auf Dauer wirklich glücklich und zufrieden sein lässt, und das sind Sie selber. Wenn Sie sich selbst erkannt haben, wenn Sie in Ihrem Bewusstsein die großartigen Entwicklungs- möglichkeiten erkannt haben, die dieses Leben Ihnen bietet, dann werden Sie diese Welt in einem gänzlich anderen Licht sehen.

Verantwortung statt Angst

Denn diese Erkenntnis erlaubt es Ihnen, sich in Ihrem Leben sicher mit dem auseinandersetzen, was Sie er- reichen wollen, anstatt unsicher darüber zu sein, dass Sie etwas vielleicht nicht erreichen könnten. Nun können Sie Verantwortung übernehmen, die an die Stelle tritt, wo sich zuvor Ängste aufhielten.

Grundsätzlich haben Ängste so lange Macht, bis sie entschleiert werden. Und diese Entschleierung ist möglich, indem man sich die Schleier einmal genau ansieht.

Angst ist eine erstaunliche Theorie. Und wenn man sich ihre erschreckend weite Verbreitung vor Augen führt, dann könnte man fast das Gefühl bekommen, man müsse Angst haben, um möglichst viel von diesem Leben genießen zu können. Das Gegenteil ist jedoch der Fall.

Es gibt sogar die Behauptung, Ängste seien etwas ganz Natürliches. Sie würden warnen und vor

Gefahren schützen. Das, was hier mit Angst verwechselt wird, ist das Gewissen, die innere Stimme, die Intuition. Nennen Sie es, wie Sie wollen. Ich denke, Sie wissen was ich meine. Es ist genau das, was Sie hinterfragt und nie fehlleiten wird. Nur hinhören müssen Sie schon.

Demgegenüber ziehen Ängste genau das an, was befürchtet wird.

Aber lassen Sie uns trotzdem die gegenteilige Theorie einmal weiter denken: Demzufolge wäre uns allen eine Gesundheits-, eine Glücks- und eine Erfolgsgarantie sicher, indem wir einfach Angst hätten vor Krankheit, Unglück und Misserfolg.

Meiner Meinung nach funktioniert das Leben anders, und die Behauptung, Angst sei etwas Natürliches, sorgt letztendlich dafür, dass wirklich natürliche Abläufe blockiert werden.

Hierzu ein Beispiel: Während meines Studiums, arbeitete ich in einer Universitätsklinik auf der Urologie. Hier lernte ich Patienten kennen, die sich aufgrund der Diagnose „erektile Disfunktion" behandeln ließen.

Mit anderen Worten: Aufgrund körperlicher Funktionsstörungen wurde die Sexualität zum Problem.

Es wurde eine Therapie entwickelt, die auch heute noch angewendet wird. Derzeit kamen die betroffenen Patienten in die Klinik, bekamen eine gefäßerweiternde Substanz in den Schwellkörper injiziert und konnten dann wieder gehen. Der durch die Substanz ausgelöste vermehrte arterielle Blutzustrom führt zur Erektion. In den darauffolgenden Stunden ist es den Patienten dann möglich, ohne Probleme den Dingen freien Lauf zu lassen.

Nach einigen Behandlungen in der Klinik wurde es damals den Patienten freigestellt, die Injektionen selber vorzunehmen.

Ich war derzeit Anfang zwanzig, und ich konnte mir unter keinen Umständen vorstellen, dass es unterhalb der Gürtellinie überhaupt zu funktionellen Grenzen kommen könnte. Wobei es mir nicht ausschließlich um die körperlichen Abläufe ging. Mir ging es um die Instinkte, um den Sexualtrieb, um die Lust.

Eines Abends, als ich zum Nachtdienst in der Klinik erschien, wartete dort ein Patient auf den diensthabenden Arzt, damit dieser ihm eine Injektion geben würde. Ich kam mit diesem Mann ins Gespräch. Ich hatte zuvor anhand der erfassten Patientendaten festgestellt, dass er noch nicht einmal vierzig Jahre alt war. Von der Neugierde getrieben, platzte nach einigen Minuten die Frage aus mir heraus, was eigentlich mit ihm los sei!? Unsere Kommunikation schien für einen Moment wie zerrissen. Und als ich mich gerade für meine direkte Art und die ungeschickte Formulierung entschuldigen wollte, fing er an zu erzählen. Seinen Erzählungen konnte ich entnehmen, dass er seine Sexualität sehr stark wertete. Er dachte immer wieder über Situationen nach, bei denen es, wie er es ausdrückte, „vielleicht plötzlich nicht mehr klappen würde".

Ich fragte nach den Gründen für diese Gedanken, und erfuhr, dass ihn schon seit vielen Jahren die Angst plagte, mit ihm könne irgendetwas nicht stimmen, und das, obwohl es keine direkten Anhaltspunkte dafür gab. Grundsätzlich wäre er zufrieden gewesen mit seinem Leben, bis vor etwa zwei Jahren die Probleme anfingen. Mittlerweile würde sich in erster Linie sein Nacken versteifen, wenn er nur an Sex denken würde: „Aber das habe ich schon immer gewusst, dass es so weit kommt mit mir."...

Meine eigene Reaktion auf dieses Gespräch beschäftigte mich noch Wochen später. Denn ich war entsetzt. Und fragte mich, warum. Was hatte das alles mit mir zu tun? Je mehr ich darüber nachdachte, desto klarer wurde mir, dass ich dieses Gespräch immer mehr als Lektion verstand, durch die mir veranschaulicht wurde, wie stark die Auswirkungen der eigenen Gedanken auf das Leben sind.
Wenn also jemand durch die Welt geht, und sich für einen Versager hält, oder sein eigenes Versagen regelmäßig in Betracht zieht, kann dies nicht dazu beitragen, dass dieser jemand nachvollziehbar Verantwortung übernimmt. Wenn auch nur für die eigenen Belange, und hierzu zählt natürlich auch die eigene Sexualität. Mir wurde bewusst, dass zu viele Gedanken über Eventualitäten immer „hoffen und bangen" nach sich ziehen, und das wiederum führt zu Angst, denn das Bangen überwiegt früher oder später.

Dies ist die Ursache für Hunderte, ja Tausende von Krankheitsbildern, die, wenn sie einmal gegenwärtig sind, auch noch als Zeugen dafür genannt werden, dass die Angst berechtigt war.

Mittlerweile ist bei mir das Entsetzen gewichen. Die soeben beschriebene Begegnung hat vor etwa siebzehn Jahren stattgefunden. Meine damalige Reaktion führe ich darauf zurück, dass ich die verschiedenen Lebenszusammenhänge, die sich mir aufgrund dieses und auch anderer Gespräche erschlossen hatten, nicht mehr ignorieren konnte. Anders ausgedrückt: Es wurde für mich durch derartige Begegnungen zunehmend schwerer, sich mir erschließende Dinge unberücksichtigt zu lassen, und dennoch vor mir selber zu bestehen.

Und so versuchte ich, für meinen weiteren Lebenslauf diese Zusammenhänge zu berücksichtigen.

Auch wenn es mir damals nicht gelang, konsequent verantwortlich mit allen Aspekten umzugehen, so veränderten sich dennoch einige meiner Wahrnehmungsfilter. Vielleicht sogar gerade weil es mir nicht immer leicht fiel, mit allem, was sich mir theoretisch erschloss, nach bestem Wissen und Gewissen umzugehen, fühlte ich mich aufgefordert, weiter daran zu arbeiten.

Ich fragte mich zusehends öfter, was mich persönlich überhaupt daran hinderte, angstfrei zu sein und verantwortungsbewusster zu leben. Und hierbei stieß ich immer wieder auf den einen Faktor, der mit der Angst einher zu gehen scheint: die Unsicherheit.

Sobald Sie unsicher sind, öffnen Sie Ihren Ängsten Tür und Tor. Ob das nun übergeordnete Lebensziele betrifft, wie den Wunsch nach einem lieben Partner oder einer spannenden Karriere, oder kleinere Etappenziele, wie das Ergebnis eines Bewerbungs-gespräches oder den Erfolg einer Diät: Sobald zu viele

Gedanken über Eventualitäten aufkommen, erscheint alles plötzlich unsicher - und damit wird es unsicher.

Indem Sie Ihren Ängsten Tür und Tor öffnen, missbrauchen Sie die Ihnen innewohnenden Kräfte dazu, sich selbst als machtlos zu sehen. Und damit sind Sie nicht mehr im vollen Umfang verantwortlich für die Ergebnisse, die aus Ihren Ängsten resultieren. Je größer die Unsicherheiten dann werden, desto größer werden auch die Ängste. Und diese Ängste führen dann zu Angriffen, Abwehrmechanismen, Blockaden und Überreaktionen unterschiedlichster Art. Ein ängstlicher Mensch wird sich immer in der Opferrolle wiederfinden und fortwährend Grund zur Klage haben. Er wird auch stets jemanden finden, der für die eigenen Missgeschicke in erster Linie verantwortlich gemacht werden kann. Daraus wiederum resultiert die Verzweiflung als weiteres Ergebnis der Machtlosigkeit.

Demgegenüber werden Sie sich als machtvoller Mensch für Ihr Leben verantwortlich fühlen. Sie werden sich auch nicht unsicher fühlen, wenn Sie sich Ihrer Macht bewusst sind. Und das lässt Sie spüren, dass Sie keine Angst zu haben brauchen.

Orientierung in der Dämmerung

Bis hierher wurden jedoch nur Wirkungen beschrieben: Von Hoffen und Bangen aufgrund verschiedener „Eventualitätsgedanken", von Unsicherheiten, die mit der Angst einhergehen, und schließlich auch die Verzweiflung bewirken. Ich denke, dass das eigentliche Problem, das sich am Ende auch nicht leugnen lässt, mangelndes, beziehungsweise fehlendes Vertrauen ist. Und dies ist so, obwohl der überwiegende Teil der Menschheit nach wie vor von sich behauptet, an eine höhere Macht, an einen Gott oder eine gottähnliche Allmacht zu glauben. Wo ist in der Konsequenz das Vertrauen? Wo ist der Glaube? Und wie sieht es jetzt mit dem Vertrauen aus, wenn es darum geht, diesen Glauben und dieses Vertrauen in die verschiedenen Lebenssituationen zu integrieren? Und wie kann denn überhaupt wirkliches Vertrauen erkannt und gelebt werden, in einer Welt, die in jeder Hinsicht überaus facettenreich zu sein scheint?

Vor einiger Zeit, betreute ich einen jungen Mann, der nach einer relativ schlechten Schullaufbahn eine Antwort auf die Frage suchte, welche beruflichen Möglichkeiten sich ihm erschließen könnten.

Ich sagte ihm, dass er sich erst einmal darüber Klarheit verschaffen solle, was er erreichen will und wo er selber seine Stärken sieht. Wenn er diese Fragen für sich geklärt hätte, so sagte ich ihm weiter, dann solle er einfach vertrauensvoll, aber sehr aufmerksam in diese Richtung los gehen und alle Notwendigkeiten in die Wege leiten.

„Wenn ich mich orientieren könnte, dann könnte ich bestimmt auch auf etwas vertrauen", war seine Reaktion auf meinen Vorschlag, wie vorzugehen sei.

Es war an diesem Tag bereits später Nachmittag, und ich schlug vor, am Ende des Tages noch einige Kilometer zu joggen. Wir liefen also los, und kamen nach einigen Minuten an einem Parkplatz vorbei, auf dem ein gefällter Baum lag; wahrscheinlich ein ehemaliger Kirchweihbaum. Ich sah diesen Baum und hatte sofort eine Assoziation. Wir blieben stehen und ich forderte meinen Schützling auf, über den ganzen Baumstamm zu balancieren. Nach dem dritten Versuch schaffte er es, ohne zwischendurch den Erdboden mit den Füßen zu berühren, den kompletten Baumstamm zu überqueren.

Nun forderte ich ihn zu einer erneuten Überquerung auf. Diesmal jedoch in der Bewegung mit geschlossenen Augen.

Wer langsam geht, kommt schneller an

Nach etwa zwei Minuten endete sein Proteststurm mit den Worten, dass diese Aufgabe sowieso nicht zu bewältigen sei, aber er es ja trotzdem einmal versuchen könne. Einige vergebliche Ansätze später, bei denen sich mein junger Freund darum bemühte, den Baumstamm ganz schnell zu überqueren, erklärte ich ihm, dass es hier in erster Linie nicht um die Einstellung eines bereits vorhandenen Zeitrekords ginge, sondern erst einmal darum, die Aufgabe zu lösen. Zudem erklärte ich nochmals, dass die Augen in der Bewegung geschlossen sein sollten, im Stand jedoch nicht unbedingt. Für weitere Erläuterungen, nutzte ich das Bild des Lebens.

Um es kurz zu machen: der nächste Versuch war erfolgreich. Und wir rekonstruierten gemeinsam die ganze Situation. Was war geschehen?

Die erste Aufforderung, den Baumstamm zu überqueren, ohne den Erdboden zwischendurch zu berühren, wurde nicht hinterfragt. Der nachfolgenden Aufgabenstellung wurde schon gar nicht mehr aufmerksam zugehört, vor lauter „Wie soll das denn gehen?!" Meine Hinweise, der Homo sapiens verfüge über Sinne, die durchaus nutzbar seien, und durch deren Nutzung sich das Erfahrungsfeld desselben auf interessante Weise erweitern lasse, wurden offenbar im Reich der Mythen und Märchen angesiedelt.

Erst mein erneuter Hinweis nach einigen Fehlversuchen konnte genutzt werden. Ich entwarf folgendes Bild und forderte meinen Partner auf, daran teil zu haben.

Ich sagte ihm, er solle sich vorstellen, der Baumstamm sei sein Lebensweg. Bevor er nun losginge, hätte er die Möglichkeit, sich diesen Lebensweg, mit den unter-schiedlichen Teilzielen, einmal anzusehen.

Er könne sich also eine Orientierung verschaffen, bevor er losgeht. Und nun, so sagte ich ihm, könne er ruhig die Augen schließen und langsam los gehen. Sollte er nach zwei, vielleicht nach drei oder vier Schritten, unsicher werden, vielleicht einen Moment die Orientierung verlieren, so könne er einfach stehen bleiben, und sich erneut orientieren. Dazu könne er dann die Augen öffnen, sich vielleicht sogar über den bereits zurück gelegten Weg freuen.

Das Wesentliche an dieser Art und Weise ein Bild zu entwerfen, ist dessen Übertragbarkeit und die daraus resultierende Anwendbarkeit. Und zwar jenseits aller Theorie. Genau in dieser Anwendbarkeit liegt das oftmals mangelnde oder sogar gänzlich fehlende Vertrauen zum Leben. Doch dadurch, dass nur

Möglichkeiten „theoretisiert" werden, dadurch dass diese Möglichkeiten keine Anwendung erfahren, stehen immer wieder Behauptungen im Wege, etwas könne nicht funktionieren. Und hier wird das Vertrauen zum Leben klein gehalten und vernachlässigt.

Während dann die Intellektuellen diskutieren und theoretisieren, stürmen die Doofen im wahrsten Sinne des Wortes die Festung. Denn das Leben will nicht studiert, sondern praktiziert werden.

Momente des Zweifelns wird es immer geben und deren Stärke wird mit der Wichtigkeit der angestrebten Ziele variieren. Doch schauen Sie sich Ihre Zweifel, worum es auch immer gehen mag, ruhig ganz genau an. Sagen wir, von einem übergeordnetem Standpunkt. Entwerfen Sie Ihre eigenen Bilder. Schreiben Sie Ihr eigenes Drehbuch, und übernehmen Sie einen wesentlichen Part in diesem Drehbuch.

Machen Sie sich klar, dass es stets Ihr Verstand ist der Zweifel produziert. Und wenn Sie schon einmal dabei sind, dann scheuen Sie nicht davor zurück, Ihren Verstand nach einer entsprechenden Alternative zu befragen.

Wenn Sie das tun, dann werden Sie erstens feststellen, dass ein irdisches Leben gänzlich ohne Zweifel nicht lebbar ist. Trotzdem ist und bleibt der Zweifel der größte Feind des Erfolges, und zwar auf allen Ebenen: auf der geistigen, auf der körperlichen und auf der psychischen Ebene. Und somit wirkt der Zweifel stets als Blockade, die verhindert, dass die eigenen Möglichkeiten erkannt werden. Und das ebenfalls auf allen Ebenen. Er steht daher im krassen Gegensatz zum Selbstbewusstsein, zum Selbstvertrauen und der daraus erwachsenden Sicherheit, der Selbstsicherheit.

Zweitens werden Sie feststellen, dass Vertrauen die einzige wirksame Alternative zu jeder Art von Zweifel und Unsicherheit ist.

Dieses Vertrauen geht mit dem Glauben einher, dass eine Überzeugung richtig ist.

Diese Überzeugung könnte zum Beispiel die Folgende sein: Wir sind hier um die Evolution voranzutreiben, und um uns zu entfalten. Um zu erkennen, dass es immer unsere jeweils eigenen Gedanken sind, die die Keimzellen aller unserer Erfolge sind; aber auch unserer Misserfolge.

Diese Überzeugung wirkt auf mich persönlich sehr inspirierend.

Und das ist Leben.

Epilog

Suchst Du einen Grund, um stehen zu bleiben?
Es gibt nur Gründe um weiter zu gehen!

SÉLAN

Wer kämpft, hat schon verloren!

**Die größte Leistung besteht darin,
den Widerstand des Feindes
ohne Kampf zu brechen.**

Sunzi
Chin. Philosoph,
späterer General

Als ich vor einigen Monaten während eines Stadt-
bummels durch eine Buchhandlung ging, fielen mir
innerhalb weniger Minuten zwei Bücher ins Auge.
Das erste Buch, geschrieben von einer bekannten
deutschen Politikerin, trägt den Titel: „Wer nicht
kämpft hat schon verloren".
„Merkwürdig...", dachte ich.
Das zweite Buch, das mir auffiel, trägt genau den gleichen Titel, und ist in Kinderbuchabteilungen zu
finden.

Ich möchte keines dieser beiden Bücher beurteilen.
Ich könnte es auch gar nicht, da ich keines der beiden
gelesen habe. Daher weiß ich auch nicht, was Frau
Süssmuth oder die Autorin des Kinderbuches unter
„Kampf" verstehen.
Ich bin der Meinung, dass das Wort Kampf, und das
was man darunter verstehen mag, nur in Abhängigkeit
zum jeweils eigenen Empfinden messbar wird. Aber

ich denke, dass die Richtung, die durch den Gebrauch des Wortes eingeschlagen wird, eine ziemlich Eindeutige ist: Auseinandersetzungen, begleitet von vielen nervenrauf-reibenden, stressigen Gedanken. Hektische Aktivitäten, zu bewältigen trotz knapper Zeitpläne, und so weiter.

Ich behaupte, dass das, was der alltägliche Gebrauch des Wortes Kampf beschreibt, zumeist ein Riesentheater ist, gepaart mit rechthaberischen Argumentationen, die letzten Endes wiederum eine unterschiedlich große Anzahl von Konflikten in sich bergen. Hier schließt sich ein Kreis, und es wird im selben Moment ein erneuter Kreislauf begonnen.

Durch Verläufe dieser oder ähnlicher Art stellt sich unser aller Leben fast schon dar, als befänden wir uns unentwegt auf einem Schlachtfeld. Und das schon während unserer Erziehung. Wer hat nicht mitunter das Gefühl gehabt - oder hat es nach wie vor - Liebe und Anerkennung müssten verdient, um nicht zu sagen, erkämpft werden!? Man müsse im Leben etwas leisten... Wie schnell werden hier die Grenzen zum imaginären Schlachtfeld erreicht, obwohl es vielleicht gar nicht beabsichtigt wurde?

Möglicherweise haben Sie auch nur etwa zweitausend Mal in Ihrer Kindheit und Jugend gehört, das Leben sei hart und Sie müssten sich „durchkämpfen" - ohne bis heute diese Aussage auch nur einmal hinterfragt zu haben. Sie wissen ja, das Unterbewusstsein arbeitet sehr zuverlässig... Daher finden sich auch immer Gründe, die das Kämpfen rechtfertigen.

Versuchen Sie, sich folgende Fragen zu beantworten, und beobachten Sie die Gefühle, die dabei in Ihnen aufsteigen:
Glauben Sie, in Ihrem Leben kämpfen zu müssen?
Wenn ja, warum kämpfen Sie?
Worum kämpfen Sie?
Wie würde sich Ihr Leben verändern, wenn Sie sich bewusst gegen das Kämpfen entscheiden würden?

Eines haben Sie ganz gewiss festgestellt: Auch in Ihrem Leben spielt das Kämpfen eine möglicherweise ungeliebte, aber dennoch große Rolle.
Warum sind in unserer Welt der Begriff Kampf und das Lebensgefühl, kämpfen zu müssen, so wesentlich?

Die trügerischen Verheißungen

Jeder Mensch befindet sich in einem mehr oder minder egogesteuerten Kreislauf. An dieser Stelle möchte ich den Begriff „Ego" erläutern. Wenn man den Begriff im Fremdwörterbuch nachschlägt, findet man ihn aus der lateinischen Sprache übersetzt als „das Ich". Hieraus leitet sich der Egoismus ab, beschrieben als Selbstsucht, Eigenliebe und Ichsucht. Der Egoist ist demnach jemand, der sein Ich und seine eigenen Interessen stets in den Vordergrund stellt. (Eine Lebenseinstellung also, die in den westlichen Gesellschaften bis zu einem gewissen Grad als absolut normal und gesund angesehen wird.)

Und die Egozentrik findet man als „Einstellung oder Verhaltensweise" beschrieben, die „die eigene Person als Zentrum allen Geschehens betrachtet und alle Ereignisse nur in ihrer Bedeutung für und in ihrem Bezug auf die eigene Person wertet."

Und wie würden Sie einem Egozentriker begegnen?

Überlegen Sie sich folgende Situation: Sie treffen sich mit einem guten Freund, der an diesem Tag ziemlich deprimiert auf Sie wirkt. Sie fragen ihn nach dem Grund für seine schlechte Stimmung, und er erzählt Ihnen von seinem Tagesablauf, der wesentlich mitbestimmt wurde von einem Mitmenschen, der sich so verhielt, wie eben beschrieben.

Jetzt einmal ganz unter uns Gemeindeschwestern: Wie würden Sie einen solchen Mitmenschen bezeichnen?

Selbst wenn man im Alltag einen ganzen Reigen unschöner Bezeichnungen für solche Mitmenschen bereithält, sollten wir diese Art, darüber zu denken, nicht weiter vertiefen. Denn auch hierzu gibt es Alternativen: Beispielsweise könnten Sie einen solchen Menschen einfach als Jemanden sehen, der sich noch nicht darüber klar geworden ist, dass er auf die Scheuklappen, die er für sich selbst gewählt hat, aus freien Stücken wieder verzichten kann.

Diese Scheuklappen bestehen zu einem großen Teil aus Eitelkeiten. Sein Ego sagt ihm, dass er im Wesentlichen ein Körper ist, und wenn der kleinste Zweifel aufkommt, lässt es ihn in den Spiegel schauen. Es vermittelt ihm immer wieder, es wisse ganz genau, was für ihn das Beste sei, um in diesem Leben bestehen zu können. Es ruft diesem Menschen bei jeder sich bietenden Gelegenheit zu, dass er sich nehmen soll, was er kriegen kann. Denn irgendwann sei er alt und krank. Dann könne er wenigstens rückblickend sagen, er habe etwas vom Leben gehabt.

Die Funktion des Ego ist es, Illusionen zu vermitteln. Und weil alle Menschen - jenseits aller bewussten Gedanken - eine tiefe Sehnsucht in sich tragen, folgen viele bereitwillig seinem Ruf. Was sucht der Kranke bei seinem Arzt oder bei seinem Therapeuten? Was sucht der Süchtige in seinen Drogen? Was verspricht sich der Geschäftsmann von seinen Geschäften und was hofft der Verliebte, in seiner Partnerin zu finden? Eine der Illusionen des Ego ist es, Glück zu verheißen, wo es nicht zu finden ist. Denn egal, ob angestrebte Ziele im Äußeren erreicht werden oder nicht, das Gefühl, kämpfen zu müssen, bleibt unentwegt erhalten. Und die Kämpfe, die gekämpft werden müssen, um die Illusionen des Ego aufrecht zu erhalten, werden immer härter und fordern immer größere Opfer.

Diese Kreisläufe fangen meist harmlos an, und die vielen sinnlosen Kämpfe werden oft erst Jahre oder Jahrzehnte später als solche identifiziert.
Einer dieser Kreisläufe beginnt zum Beispiel auf die Art, dass Kindern bestimmte Wege oder zu erreichende Ziele als etwas ganz Besonderes vermittelt werden. Hier bekommt das Ego seine Grundlage, aus denen dann die Eitelkeiten erwachsen. Vielleicht ist es zuerst der Kindergarten, der etwas Besonderes sein soll, vielleicht sogar Glück verspricht. Hat die Kindergartenzeit gerade begonnen, wird die Schule als glücksverheißend gepriesen. Während der Grundschullaufbahn ist es dann die anzustrebende höhere Schule. Spätestens hier ist das Ego eigenständig geworden. Es beginnt autonom zu wirken und zu kämpfen. Nach der Schule ist es je

nach den wahrgenommenen Wünschen und Möglichkeiten das Studium, dann der besondere Job. Danach die Karriereleiter, das Traumauto, die Familiengründung, und, und, und,....! Vielleicht erscheint das Eigenheim auch noch als besonders erstrebenswert, vielleicht eine Weltreise, später das eigene Unternehmen. Irgendwann wird das aktive Berufsleben beendet, die Kinder sind aus dem Haus und es ist bisher wirklich alles ganz prima verlaufen. Es konnte im besten Falle sogar ein ziemlich großer Geldbetrag auf die hohe Kante gelegt werden.

Aber da war doch noch etwas... Moment einmal! Genau, das Glück! Ging es denn nicht immer darum? Sie sind alt geworden, aber glücklich sind Sie immer noch nicht. Aber wenigstens haben Sie viel Geld gespart. Das brauchen Sie nun auch, denn über Ihre rastlose Suche nach dem Glück im Äußeren sind Sie nicht nur alt, sondern auch krank geworden.

„Das hat ja toll geklappt", werden Sie sich jetzt sagen, falls Sie ein gerütteltes Maß an Humor besitzen...

Ihr Ego hat nicht die Möglichkeit, Ihnen eine glückliche, zufriedene Gegenwart zu bieten. Es versucht deswegen immer, Sie auf die Zukunft zu orientieren und dies mit der Vergangenheit zu begründen. Ab und zu erreichen Sie zwar die Ziele, die die Existenz des Ego tatsächlich zu rechtfertigen scheinen, aber zu welchem Preis?

Indem Sie auf die Steilvorlagen des Ego eingehen, verhindern Sie unzählige wunderschöne, Zufriedenheit und Glück vermittelnde Momente in Ihrem Leben. Und dies tun Sie aktiv. Jetzt werden Sie sich vielleicht fragen „Warum" Sie so etwas „Bescheuertes" tun sollten und „Wie" denn überhaupt?

Die Frage nach dem „Warum", bietet mehrere Möglichkeiten. Eine Antwort könnte sein, dass Sie sich bisher noch nie mit der enormen Fülle eines gegenwärtigen Momentes bewusst auseinandergesetzt haben. Dann wären Sie gedanklich sozusagen „immer auf dem Sprung". Und hätten sich so nie die Zeit zum Glück genommen. Sie wissen also gar nicht, was Sie verpassen.

Ich empfehle Ihnen, nehmen Sie sich die Zeit.

Eine zweite mögliche Antwort: Sie trauen sich diese di-rekte Einflussnahme auf Ihr eigenes Leben gar nicht zu. Diese selbstverständliche Macht, vermuten Sie überall, aber nicht bei sich selber.

Wenn das auf Sie zutrifft, dann glauben Sie mir einfach Folgendes: Es ist nicht so! Sie sind der mächtigste Mensch in Ihrem ganzen Leben!

Nein, ich will Ihnen nicht schmeicheln, ich kenne Sie ja kaum. Ich vertrete nur eine Perspektive, von der ich überzeugt bin, dass sie auch auf Sie zutrifft. Begründen werde ich sie in dem kommenden Abschnitt über die Gedankenkontrolle.

Freuen Sie sich darauf!

Verlieren Sie den großen Kampf!

Stellen Sie unbefriedigende Kreisläufe in Frage! Denn sie können nur so lange bestehen, bis sie grundsätzlich hinterfragt werden. Lassen Sie die illusionären Vorstellungen los, Sie lebten in einer Welt des

110

Opferns. In einer Welt, in der Geben Verlieren bedeutet. Lassen Sie die Egosignale los, die besagen, dass Sie verlieren, wenn ein anderer Mensch gewinnt, und dass das, was Sie gewinnen, ein anderer Mensch verlieren muss! Hören Sie auf, Mauern in Ihrem Kopf zu errichten und überall imaginäre Feinde zu vermuten. Hören Sie auf, sinnlose Kämpfe zu kämpfen!!!

Lassen Sie es uns so ausdrücken: Sie müssen einmal in Ihrem Leben den einen großen Kampf hoffnungslos verloren haben. Dann tun Sie, was Sie wollen, es wird Ihnen gelingen.

Was ist das für ein Kampf, den Sie hoffnungslos verlieren müssen, um fortan wirklich zu gewinnen? Es ist der Kampf, der aufgrund der Wahrnehmung von Dualitäten stattfindet, ausgelöst, vorgegaukelt und getragen von Ihrem Ego. Ihr Ego versucht stets, Ihnen zu vermitteln, es gäbe in Ihrem Leben immer zwei Möglichkeiten, von denen die eine im Ergebnis erstrebenswert, die andere verabscheuungswürdig sei. Und dass Sie alle Ihre Kämpfe kämpfen müssten, um sich immer den Vorteil der jeweils erstrebenswerteren Möglichkeit zu sichern.

Sie müssen gegen Ihr Ego verlieren. Sie müssen diesen Verlust annehmen - ohne Trauer. Dann erst sind Sie wirklich frei und können sich jeder Herausforderung, jedem Konflikt stellen, und zwar jenseits der Eitelkeiten.

Um hier keine Zweifel aufkommen zu lassen: Diese Haltung bedeutet nicht, dass keine Ziele mehr verfolgt werden sollen. Im Gegenteil. Ohne Kampf wird der Weg nur leichter.

Um ein Ziel zu erreichen, bedarf es mitunter nicht des Kampfes, sondern der Anstrengung.

Leo und Leoni

Denken Sie an das Tierreich! Stellen Sie sich vor, Sie seien ein freilebendes Raubtier, irgendwo in Afrika. Sagen wir, Sie versetzen sich nun für einige Minuten in den Tagesablauf des Löwen Leo. Sie wachen an einem wunderschönen Morgen an einem schattigen Platz auf. Sie putzen sich ein bisschen, vielleicht kokettieren Sie ein wenig mit Leoni, Ihrer Freundin. Sie tun einfach das, was Sie in Ihrem Löwenleben tun wollen, und woran Sie Spaß haben. Plötzlich spüren Sie, dass Ihr Magen anfängt zu knurren. Sie stehen auf und folgen Ihrem Gefühl. Sie streifen durch den Dschungel und nehmen die Fährte einer Antilopenherde auf. Dieser Fährte folgen Sie, und nach kurzer Zeit sehen Sie Ihre Mahlzeit vor sich. Sie schleichen sich heran und nun spüren Sie, dass es an der Zeit ist, über sich hinauszuwachsen. Jetzt müssen Sie sich anstrengen. Auf den letzten hundert Metern müssen Sie alles aus sich heraus holen. Aber Sie wissen, dass es sich lohnt, denn nur so (über)leben Sie.

Nach Ihrer Mahlzeit legen Sie sich entspannt wieder an Ihr Schattenplätzchen und verdauen in Ruhe.

Sprint zum Etappenziel

Wenn Sie versuchen, sich der Verhaltensweise von Leo und Leoni anzunähern, sind Sie auf einem guten Weg. Denn dann haben Sie erkannt, dass der Ausgang eines jeden sogenannten „Kampfes" nicht vor, nicht während und nicht nach dem „Kämpfen" bewertet werden sollte, sondern ausschließlich im Moment des Sieges oder der Niederlage. Wie lange dieser Moment dauert, entscheiden Sie. Sie wissen, dass jeder Gedanke, der sich vor oder während eines „Kampfes" mit dessen Ausgang beschäftigt, Ihre hundertprozentige Konzentration verhindert und Sie wertvolle Energien vergeuden, da durch derlei Gedanken deren freier Fluss gehemmt wird. Sie haben ebenso bereits gelernt, dass die Bewertungen nach einem „Kampf" unterschiedlich ausgelegt werden können.

Und weil Sie das gelernt haben, schauen Sie nach vorne, genießen das Leben, und lassen Ihre Energien fließen, damit Sie bereit sind für die nächste Anstrengung, der Sie sich stellen wollen - oder müssen. Denn das, was für andere Menschen den Stellenwert eines Kampfes hat, ist für Sie nichts als der Sprint zu einem Etappenziel, eine vorübergehende Anstrengung, für eine mehr oder minder große Freude.

Sieg als Niederlage, Niederlage als Sieg?

Da jedoch viele Lebensverläufe als Kampf empfunden und auch ausgetragen werden, gibt es kaum etwas, dem ebensoviel Macht verliehen wird, und von dem ebensoviel abhängig gemacht wird, wie von der Vorstellung von Sieg und Niederlage. Schon aufgrunddessen entwickelten sich im Laufe der Jahrhunderte die scheinbaren Variationen subjektiver Gefühlszustände, immer in Abhängigkeit davon, wie der letzte Kampf gerade ausgegangen ist - und was man aus der eventuellen Niederlage gelernt hat. Doch was ist ein Sieg, und was eine Niederlage? Wie wird was bewertet und warum?

Die Gedanken und Gefühle, die einen Kampf bewerten, sind meiner Meinung nach sehr lobenswert, solange sie zum Ziel haben, das eigene Verhalten zu reflektieren. Wenn sie aber dazu dienen, eine sogenannte Niederlage nach außen hin zu rechtfertigen - ein sehr verbreitetes und auch sehr menschliches Verhalten - bestätigt dieses nur den Kampfgedanken. Denn nun muss schon wieder gekämpft werden, um die Niederlage wenigstens nicht so groß erscheinen zu lassen.

Über die sogenannten siegreichen Erfahrungen wird demgegenüber im Allgemeinen sehr wenig nachgedacht. Nicht nur deshalb, weil man beim Schulterklopfen nicht unbedingt denken muss. Sondern insbesondere deshalb, weil der Schein nach außen hin in diesem Falle bereits passt. Jemand, der gerade einen Kampf siegreich beendet hat, wird grundsätzlich als erfolgreich angesehen. Und wer möchte nicht erfolgreich sein? Wer möchte nicht immer auf der Seite der Erfolgreichen stehen?

Konflikte sind Aspekte des Lebens

Doch die Forderungen und die Gaben des Lebens wirklich zu empfinden, geht immer einher mit intensiv empfundenen Höhen und Tiefen. Solange nur einer die-ser beiden umfassenden Aspekte des Lebens akzeptiert wird, schließt man die Vollständigkeit aus. Und wenn man etwas ausschließt, hat das meistens mindestens einen Konflikt zur Folge.

Diese Tatsache können Sie „drehen und wenden" wie Sie wollen, denn: die Höhepunkte des Lebens wollen erkannt werden, denn sie sind es, die Kraft spenden. Die sogenannten Tiefpunkte bergen aber ebensoviel Kraft, und sie machen die Höhepunkte des Lebens erst identifizierbar. Jede Niederlage stellt sich als Herausforderung dar. Doch das Gleiche gilt auch für den Sieg. Auch jeder Erfolg sollte als Herausforderung angesehen werden.

Nur so kann Erfolg als „Sinnesabenteuer" wahrgenommen werden. Nur so beflügelt jeder Sieg nicht nur in dem Moment des Sieges, und vielleicht noch einige Zeit danach, sondern unendlich lange Zeit. Und das gilt eben auch für jede Niederlage. Wenn Sie inspiriert durchs Leben gehen, sind Sie bereit, zu verlieren. Und mit dieser Bereitschaft können Sie nur noch gewinnen. Es gibt nichts mehr, was zu verlieren wäre.

Wenn Sie dieses lesen, und dabei feststellen müssen, dass es in Ihrem Leben gegenwärtig jede Menge Konflikte gibt, dann machen Sie sich einfach Folgendes klar: Konflikte sind immer Lebensaspekte. Sie sind „nur" Lebensaspekte, oder sie sind „sogar" Lebensaspekte. Das kommt auf Ihre derzeitige Sichtweise an. Auf jeden Fall aber sind sie bestens geeignet - ja man könnte sagen, fast schon prädestiniert dazu - aus ihnen zu lernen. Auch in der größten Verzweiflung ist dies der Fall. Sie werden lediglich dazu aufgefordert, Ihren Blick auf das Wesentliche zu richten, das Ihnen innewohnt.

Wenn Sie sich in einem großen Konflikt befinden, mag es Ihnen zu Anfang schier unmöglich erscheinen, ruhig und gelassen zu reagieren und nicht gleich zu beginnen, diesen Konflikt hektisch, verbissen oder verzweifelt zu bekämpfen. Bedenken Sie in jeder Konfliktsituation, dass sich Gedanken widerspiegeln, und so die jeweilige Situation noch aussichtsloser erscheinen lassen. Denn es ist geradezu unmöglich, Konflikte endgültig zu bewältigen, solange Sie sich innerlich mit diesem Konflikt verbinden. Diese Tatsache können Sie täglich beobachten, wenn Sie sich dem Weltgeschehen, der Politik und der Wirtschaft zuwenden.

Ein Beispiel aus der Wirtschaft: Wenn ein Staat auf eine Rezession zusteuert, wenn es also zu einer spürbaren Verminderung der wirtschaftlichen Wachstumsgeschwindigkeit kommt, dann wird dadurch die Notwendigkeit aufgezeigt, alte oder nicht mehr funktionierende Strukturen zu überdenken. Hier entstehen immer in erster Linie Konflikte. Doch das „Sich-Hingeben" an diese Konflikte durch passiven Pessimismus oder kopfloses Agieren in alle Richtungen hilft nicht. Durch Konflikte werden, wie gesagt, nur Notwendigkeiten aufgedeckt, und es gilt, diese zu erkennen, und Konsequenzen daraus zu ziehen. Wenn dies getan wird, macht es überhaupt keinen Sinn mehr, noch weiter am Konflikt festzuhalten, denn jetzt gibt es genug zu tun, um die neuen, konstruktiven Wege zu etablieren. Wenn es also, um bei diesem Beispiel zu bleiben, keine Rezession gäbe, dann wäre ich dafür, sie zu erfinden.

Es ist grundsätzlich wichtig, sich bewusst zu machen, dass vermeintliche Konflikte zwei Richtungen nehmen können. Sie können Bestehendes zerstören, oder Bestehendes weiter entwickeln. Aber sie tun es nicht von alleine. Denn immer sind es in erster Linie die Gedanken, beziehungsweise die Gedankenkräfte, die wirken müssen, um Konflikten eine Richtung zu geben, die dann zu ihrem Ergebnis führt.

Gebete als medizinische Größe?

Aus der sonst oft so nüchtern erscheinenden Medizin gibt es ein sehr interessantes und ermutigendes Beispiel, in welchem Ausmaß Gedankenkräfte wirken, und zwar im äußerst positiven Sinne. So berichtet die „Ärzte Zeitung" in ihrer Ausgabe vom 11. 11. 1998 vom Ergebnis einer ungewöhnlichen Studie, die beim Jahreskongress der American Heart Association vorgestellt wurde. An 150 Männern, allesamt Patienten mit Angina Pectoris, die sich einer Angiographie (Darstellung der Gefäße durch Injektion von Kontrastmitteln) unterzogen hatten, wurden verschiedene therapeutische Maßnahmen gestestet. Eine dieser Maßnahmen war es, dass für einen Teil dieser Patienten von Menschen verschiedener Religionen rund um die Welt gebetet wurde.

Die Testpersonen wussten nicht, ob sie zu denen gehörten, für die gebetet wurde oder nicht. Und die, die beteten, hatten die Namen der Betroffenen - ganz unpersönlich - per E-mail erhalten. Das Ergebnis war umso verblüffender: In der Gebete-Gruppe gab es im Vergleich zur Standard-Gruppe kaum leichte Nebenwirkungen der Angiographie (demgegenüber 13,4 Prozent mehr in der Standard-Gruppe), und gar keine schweren Nebenwirkungen in Folge des Eingriffs (demgegenüber 6,7 Prozent in der Standard-Gruppe). Den Wissenschaftlern der American Heart Association erschien dieses Ergebnis so revolu-tionär, sodass der Pilot-Studie nun eine Phase-II-Studie folgen soll.

Ausgesprochen religiös ausgerichtete Menschen werden dieses Ergebnis möglicherweise weniger verblüffend finden.

Was sind nun Gebete in unserem Zusammenhang? Gebete sind nichts anderes als äußerst positive Gedanken. Und was sind Gedanken? Genau, Energien! Gedanken sind kleinste Energiemengen, die Schwingungen verursachen. In der Biophysik ist es bereits gelungen, Gedanken elektronisch aufzuzeichnen. Man ist zwar noch ziemlich am Anfang, doch hat man bereits festgestellt, dass ein bestimmter Gedanke immer wieder das gleiche Schwingungsmuster ergibt.

„Na ja, so ein Gedanke, so eine winzige Energiemenge, was soll da schon passieren können?" Das könnten Sie jetzt denken. Ich würde Sie darauf aufmerksam machen, dass es oft die kleinen Ursachen sind, die große Wirkungen nach sich ziehen. Denken Sie an eine folgenschwere Lawine, oder an einen

Funken, der einen ganzen Wald vernichten kann. Oder an die winzig kleine Energiemenge, die benötigt wird, um einen Sprengsatz zu zünden.

Gedanken finden immer ihr Ziel. Vollkommen zuverlässig! Welche Konsequenzen diese Tatsache hat, zeigen auch Untersuchungen von schwedischen und finnischen Wissenschaftlern über die Wirkung von Placebos. Schmerz stillende Medikamente und Placebos, so fanden Sie heraus, aktivieren im Gehirn dieselben Bereiche. Die Wissenschaftler schlussfolgern daraus, dass die Wirkung von Medikamenten in erster Linie von der Erwartungshaltung des Patienten abhängt.

Durch die Wirkung der Gedankenkraft entsteht, insbesondere auf der geistigen Ebene, der berühmt-berüchtigte Domino-Effekt. Ob sich dieser Effekt positiv oder negativ auf Ihr Leben auswirkt, sollten Sie nicht der Willkür überlassen. Denn wenn Sie es der Willkür überlassen, dann werden Sie wahrscheinlich sehr bald ein sehr konfliktreiches Leben führen. Bei allem was geschieht, muss am Anfang ein Gedanke gestanden haben. „Am Anfang war das Wort." So steht es in der Bibel geschrieben. Was ist ein Wort anderes, als ein gesprochener Gedanke?

Es gibt nichts, dem nicht ein Gedanke zugrunde liegt. Für alles, was Sie je getan haben, war immer ein Gedanke ausschlaggebend.

Ich möchte Ihre Geduld nicht überstrapazieren, doch weise ich noch einmal daraufhin, wie elementar Gedanken sind. Daher ist es bereichernd, sich mit der

Gedankenkontrolle zu befassen. Hierbei ist es mir wichtig zu betonen, dass mit dem Wort „Kontrolle" im Ergebnis keineswegs so etwas wie Verdrängung oder Verleugnung gemeint ist. Tatsache ist aber, dass Menschen schnell überreagieren, sobald sie mit etwas konfrontiert werden, das ihren derzeitigen Lebensrahmen in irgendeiner Hinsicht zu verändern droht. Dies zeigt sich dann in Befürchtungen und Ängsten, ohne dass es eine definitive Grundlage dafür gäbe. Hier setzt die Gedankenkontrolle an.

Sie meint nichts anderes, als die regelmäßige Vergegenwärtigung von Fakten, vergleichbar mit einer inneren Inventur. Ohne vorschnell etwas „schön zu reden", aber auch ohne vorschnell innerlich Katastrophenalarm auszulösen. Man sollte lediglich neutral bleiben und offen für das, was einen wirklich umgibt.

Gedankenkontrolle statt Kampfgeschrei

Stellen Sie sich folgendes Bild vor: Gedanken breiten sich vom Urheber in Form von Schwingungen aus, die sich ihren Weg bahnen. Doch verlassen diese Schwingungen den Denkenden nicht endgültig, sondern hinterlassen eine geistige Strahlung, die den Denkenden umgibt. Diese Strahlung, die sogenannte Aura, spiegelt den geistigen Zustand jedes Menschen wider. In der Umgangssprache ist es das, was wohl gemeint ist, wenn von der Ausstrahlung eines Menschen geredet wird.

Diese Aura lässt sich im Übrigen bereits darstellen, und zwar in Form von Farben - Farben sind ja auch Schwingungen.

Das bedeutet, wenn Sie positive, beispielsweise friedfertige Gedanken haben, haben Sie nicht nur eine schönere, oder in Farben ausgedrückt, hellere Ausstrahlung, sondern Sie fühlen sich auch viel besser. Das Gleiche gilt im umgekehrten Sinne für negative, beispielsweise feindselige Gedanken. In dem, was man aussendet, erkennt man sich selbst.

Zudem ist es im Bereich der geistigen Schwingungen so, dass Gleiches Gleiches anzieht, und sich von dort ausbreitet. Daher erscheint es zu manchen Zeiten so, „als käme alles zusammen", zu einem Problem gesellt sich das nächste, und so setzt es sich eine Weile fort. Es sind die negativen Gedanken, die weitere negative Gedanken mit ihren Auswirkungen von außen anziehen. Das Gleiche gilt auch hier wieder im umgekehrten Sinne. Sie sehen, Sie können Einfluss nehmen....!

In dem Kapitel über das Unterbewusstsein habe ich Sie aufgefordert, sich immer wieder zu vergegenwärtigen, was Sie denken und wie Sie Ihre Gedanken denken. Denn, und das führte ich als Grund für diese Aufforderung an, Ihre Lebensumstände existieren durch Ihre Gedanken. Das ist so, weil die Gedanken, die Sie denken, Handlungen nach sich ziehen, die wiederum ihre Auswirkungen haben. Wer oder was bestimmt nun, wie Sie denken und was Sie denken? Ich behaupte, das tun Sie ganz alleine. Oder, um hier konkreter zu werden: Sie haben die Möglichkeiten, das zu tun. Und noch eine Behauptung: Wenn Sie diese Möglichkeiten bisher in Ihrem Leben nicht, oder noch nicht ausreichend genutzt haben, sich nun aber entschließen, dieses Potenzial zu nutzen, so wird sich Ihr Leben weitaus angenehmer gestalten lassen, als es bisher der Fall war.

Sie werden weniger kämpfen und mehr gewinnen. Natürlich werden Sie weiterhin in Ihrem Leben mit Dingen konfrontiert, die Ihnen im ersten Moment überhaupt nicht gefallen. Möglicherweise, weil Sie diese Dinge nicht sofort verstehen, vielleicht auch gar nicht verstehen wollen, weil Sie unmittelbar der Meinung sind, dass Entsprechendes gegenwärtig überhaupt nicht in Ihr Leben passt (frei nach dem Motto: „Was soll denn der Mist nun wieder?"), und Ihrer Meinung nach auch sicher keine positive Entwicklung nach sich ziehen würde. Aber genau in diesen Momenten bietet es sich geradezu an, es einmal bewusst mit der Lenkung der eigenen Gedanken zu versuchen!

Erlauben Sie mir an dieser Stelle einen kleinen Exkurs, der die Tragweite des Angesprochenen verdeutlicht. Wir erleben immer wieder Perioden, in denen die wirtschaftlichen Entwicklungen nicht unbedingt als stabil und sicher zu bezeichnen sind, auch gegenwärtig befinden wir uns in einer solchen Phase. Dies hat Auswirkungen. Bei unseren Begegnungen mit Mitarbeitern verschiedener Unternehmen treffen wir immer wieder auf folgendes Phänomen: Sobald seitens der Unternehmensleitungen von Sparmassnahmen die Rede ist, kommt bei vielen Mitarbeitern eine Gedankenlawine ins Rollen, die, wenn sie nicht bewusst gelenkt wird, unangenehme Folgen haben kann. Diese Lawine rollt dann in etwa nach folgendem Schema: „Sparmassnahmen? Oh je, das bedeutet nichts anderes als Kündigungen! Kündigung!!! Und wenn ich dieses Mal betroffen bin? Das wäre ja furchtbar, gerade jetzt, nachdem wir unser Häuschen gebaut haben - umziehen wegen des Jobs käme überhaupt nicht in Frage, aber hier in der Gegend etwas Neues zu finden? Unmöglich,..." und so weiter, und so weiter.

Die Mitarbeiterin eines großen, international tätigen Unternehmens, nennen wir sie Frau Müller, plagten, seitdem sie das Wort „Sparmassnahmen" in diesem Sinne das erste Mal gehört hatte, derartige existenzielle Sorgen, dass sie an ihrem Arbeitsplatz fortan nicht mehr richtig bei der Sache war. Im Kreise ihrer Kollegen machte sie ihre Ängste immer wieder zum Thema, und verstärkte die dort ohnehin schon entstandene Unruhe. Ihre Arbeitszeit nutzte sie nicht mehr einfach dafür, ihre Arbeit gut und zuverlässig zu erledigen, sondern war stellenweise gedanklich so blockiert, dass ihre Leistung spürbar nachließ.

Nach einigen Monaten war es dann tatsächlich der Fall, dass im Arbeitsbereich von Frau Müller einige Arbeitsplätze abgebaut werden sollten. Sie können sich denken, lieber Leser, wie es weiterging. Den Vorgesetzten von Frau Müller war deren geringerer Leistungsumsatz in den letzten Monaten natürlich aufgefallen, gerade weil sie zuvor als besonders leistungsstark gegolten hatte. Und so kam es, dass Frau Müller, die ja emotional und gedanklich am meisten um ihren Arbeitsplatz gekämpft hatte, als Erste vom Stellenabbau betroffen war. Sie hatte innerlich einen verzweifelten Kampf aufgenommen, und ihn im gleichen Moment bereits verloren.

Hätte sie ihren Gedanken eine positive Richtung gegeben, und beispielsweise versucht, sich noch konstruktiver in den Arbeitsprozess einzubringen, hätte sie zum einen sicherlich eine sehr viel schönere Zeit erlebt, und zum anderen ihren Job wahrscheinlich nicht verloren. Und Frau Müller ist absolut kein Einzelfall!

Wie funktioniert nun die Gedankenkontrolle, und worauf ist ihre tatsächliche Umsetzbarkeit zurück zu führen?

Der Mensch ist definitiv nur in der Lage, in jedem einzelnen Moment auch nur einen einzigen Gedanken zu denken. Versuchen Sie einmal, zwei klare Gedanken in einen Moment zu packen. Nein, nicht nacheinander. Gleichzeitig! Konzentriert, bewusst gegenwärtig und klar nachvollziehbar. Es geht nicht! Diese biologische Tatsache kann jeder Mensch für sich nutzen.

Wenn Sie nun darüber nachdenken, wird Ihnen wahrscheinlich schnell klar werden, dass Ihr Verstand in Konfliktsituationen oder schwierigen Zeiten eher dazu neigt, negativ ausgerichtet zu sein. Also, fangen Sie damit an, Ihre Gedanken zu beobachten. Gehen Sie dann dazu über, Ihre eigenen Stimmungen und Launen für sich messbar zu halten. Bei welchen Gedanken geht es Ihnen gut? Was macht Ihnen besonderen Spaß? Welche Gedanken sind in welchen Situationen dafür verantwortlich, dass Ihre Laune sinkt?

Fragen Sie sich in solchen Momenten ganz konkret: Warum reagiere ich gereizt? Wenn Sie eine Antwort finden, dann fragen Sie sich, ob diese Antwort wirklich so endgültig sein muss, dass sie sogar eine schlechte Zeit begründet?! Wenn Sie keine Antwort finden, dann setzen Sie sofort, ganz bewusst angenehme, inspirierende Gedanken dagegen.

Lassen Sie uns das gerade Beschriebene auf den „Fall Müller" übertragen: Frau Müller hätte sich in jedem Moment des Zweifels und der aufkommenden Ängste vergegenwärtigen müssen, was ganz objektiv der Stand der Dinge ist. Niemand behauptet, dass das immer einfach ist, aber es ist sicher immer der bessere Weg, mit derartigen Situationen umzugehen. Folgende klare Gedanken hätte sie in diesen Momenten ihren Zweifeln entgegensetzen können: „Was wurde tatsächlich gesagt? Es wurde gesagt, es müssten Sparmassnahmen getroffen werden - nichts deutet darauf hin, dass ich meinen Arbeitsplatz verlieren werde. Ich arbeite gut und gerne in dem Unternehmen und ich werde mich wie bisher engagieren und an der weiteren Entwicklung des Unternehmens teilhaben."

Bei Frau Müller hat es nach ihrer Entlassung im Übrigen eine Entwicklung gegeben, über die sie im Nachhinein ganz und gar nicht unglücklich ist. Dennoch hätte sie sich und ihrem Umfeld die schweren Monate, die sie sich „erdacht" hatte - und die sie dann auch erlebt hat, ersparen können.

Jenseits des Kampfes

Oft werden Gedanken erst gar nicht zu Ende gedacht, weil schon ihr Ansatz als negativ empfunden wird. Dies zeigt sich dann in verschiedenen Situationen des Lebens als Hemmung, als Blockade und in der Folge als Kampf. Und das nur, weil nie gelernt wurde, mit jeder Art von Gedanken umzugehen.

Versuchen Sie es mit der Vergegenwärtigung Ihrer Gedankenwelt. Entdecken Sie die Möglichkeiten, auch aus Emotionen wie Traurigkeit, Liebe, Angst, Schmerz und Wut das entsprechende Potenzial konstruktiv für sich zu nutzen.

Denken Sie daran: Die Gedanken sind frei. Sie wollen nicht erkämpft, und sie müssen nicht bekämpft werden.

Finden Sie die Ursache für Kampf in Ihrem Leben heraus! In dem Moment, in dem Sie die Bereitschaft in sich spüren, dies wirklich zu tun, werden Sie auch die Kraft in sich spüren, die Sie über jeden Kampfgedanken hinausgehen lässt. Sie werden feststellen, dass Sie selbst die Ursache Ihrer Kämpfe sind, und dass Ihnen allein die Entscheidung obliegt, nicht mehr kämpfen zu wollen.

Jetzt fließen die Kräfte und können für gewollte oder als notwendig erachtete Anstrengungen gezielt eingesetzt werden. Sie müssen nach wie vor Ihre Gedanken und Gefühle in körperliche Tätigkeiten umsetzen, doch dies geschieht nun jenseits des Kampfes. Und jenseits des Kampfes werden Sie feststellen, dass es keine „guten" oder „schlechten" Nachrichten gibt. Es gibt nur Nachrichten - und Ihre Gedanken. Und die bestimmen Ihr Leben.

Epilog

Wie kann das Ziel des Wollens und des Verlangens erreicht werden?

Die Meisterschaft des Verlangens - wie kann sie nur erreicht werden?

Voranschreiten, loslassen...

Ohne Kampf.

SÉLAN

Die Kraft der Vision

**Ein Mensch hat nicht angefangen zu leben,
bevor er sich nicht aus den engen
persönlichen Bindungen
zu den höheren Verpflichtungen
der Menschheit befreit hat.**

Martin Luther King
Amerik. Bürgerrechtler

Eine der größten Gerechtigkeiten, mit der sich jeder
Mensch im Laufe seines Lebens irgendwann einmal
auseinandersetzt, ist meiner Erfahrung nach die des
freien Willens. Diesbezüglich wird oft mit dem
Einwand argumentiert, von Gerechtigkeit und freiem
Willen könne wohl kaum die Rede sein, da man sich
immer gewissen Zwängen gegenüber sähe...
Da Sie als aufmerksamer Leser dieses Buches schon
mit den Grundstrukturen der Bewusstseins-Energetik
befasst sind, ahnen Sie natürlich, auf welchem
elementaren geistigen Gesetz meine Gegenargu-
mentation fußt: Genau: Ursache und Wirkung! Wir
sprachen bereits darüber...

Natürlich können Sie nicht von heute auf morgen alle
Ihre Lebensumstände ändern. Doch jeder Lebensum-
stand hat einen oder mehrere Gedanken und Über-

zeugungen als Ursprung. Was Sie denken, und welche Überzeugungen Sie vertreten, entscheiden Sie immer allein. Wo immer Sie sich also Zwängen gegenüber sehen, haben Sie die Ursachen dafür, bewusst oder unbewusst, selber gesetzt. Darüber hinaus zeigt sich Ihr Umgang mit Ihrem freien Willen anhand Ihrer gegenwärtigen Ziele und Visionen.

Doch bevor Sie, lieber Leser, jetzt „einfach" weiterlesen, möchte ich Sie zu einer kleinen Interaktion auffordern: Nehmen Sie sich ein Blatt Papier und einen Stift. Schreiben Sie unter die Überschrift „Meine Ziele" zehn Ziele, die Ihnen besonders am Herzen liegen. Um diese zehn Ziele zu formulieren, haben Sie nun drei Minuten Zeit. Verwenden Sie bitte nur positive Formulierungen, also beispielsweise nicht: „Meine Krankheit besiegen", sondern „Meine Gesundheit leben".

Nachdem Sie das getan haben, lesen Sie sich noch einmal ganz in Ruhe durch, was Sie aufgeschrieben haben.

Lassen sich vielleicht von den Zielen, die Sie nun noch einmal lesen, einige zusammenfassen?

Wie viele Ziele sind es jetzt noch, nachdem Sie die eine oder andere Zusammenfassung gemacht haben?

Haben Sie es überhaupt geschafft, in der relativ kurzen Zeit zehn Ziele aufzuschreiben? Wenn nicht, woran hat es Ihrer Meinung nach gelegen?

War womöglich die Zeit zu knapp bemessen, oder lag es an der einsetzenden Arthrose, die sich langsam in Ihren Fingergelenken bemerkbar macht?

Aber nun einmal allen Ernstes: Stellen Sie sich die Frage, ob Ihnen Ihre Ziele gegenwärtig sind. Nur darum ging es mir bei diesem kleinen Intermezzo. Ich wollte Ihnen anhand der vorangegangenen Übung nachvollziehbar ermöglichen, sich auf diese Frage eine klare Antwort zu geben. Ohne Erklärungen. Einfach Ja, oder Nein.

Warum ist diese Frage so wichtig? Um sich an Zielen orientieren zu können, ist es notwendig, sich diese Ziele gegenwärtig zu machen. Im vorangegangenen Kapitel ging es um die Feststellung, dass es letztendlich keine neutralen Gedanken gibt, dass Gedanken immer ausgerichtet sind. Das heißt in diesem Falle: Entweder Sie orientieren sich an Ihren Zielen, oder Sie orientieren sich an Ihren Sorgen.

Unsere kleine Eingangsübung hätte auch so aussehen können:

Schreiben Sie in drei Minuten zehn Ihrer größten Sorgen auf! Die Erfahrung zeigt, dass das den meisten Menschen schneller gelingt (trotz möglicher Arthrose...).

Wenn es Sie inspiriert hat, sich schriftlich mit diesen Dingen auseinander zu setzen, empfehle ich Ihnen, auf die nun kommenden Fragen ebenfalls in dieser Form zu antworten. Versuchen Sie aber in jedem Fall, jede der Fragen ehrlich zu beantworten.

Wie ist die Ausrichtung Ihrer Ziele und Wünsche, was wollen Sie sozusagen „unterm Strich" erreichen und welchen Endzustand streben Sie an?

Die nächste Frage: Wann werden Sie voraussichtlich Ihre Ziele erreichen?

Und nun zu den Maßnahmen: Was müssen Sie tun, um Ihre Ziele zu erreichen, und welche Unterstützung brauchen Sie gegebenenfalls dazu?

Worauf ich hinaus will, ist das Folgende:
Ziele müssen messbar sein, ihre Entwicklung muss beobachtbar sein, ein Termin muss genannt werden und die Randbedingungen können nicht gänzlich übersehen werden.
Wenn Sie jemand sind, der stets konsequent seine Ziele verfolgt, dann werden Sie dies im besten Falle mit dem Wissen tun, dass mit dem Erreichen eines Zieles nicht das Ende Ihres persönlichen Weges erreicht ist. Denn Sie haben bereits aus der Erfahrung gelernt, dass Sie mit dem Erreichen eines Zieles nur den Ausgangspunkt für das nächste anzustrebende Ziel gesichert haben.

Ich habe diesen Punkt bewusst hervorgehoben, weil das, was für Sie lieber Leser vielleicht eine Selbstverständlichkeit darstellt, für viele Menschen eine Vielzahl bedrückender Fragen aufwirft.
Ich habe Menschen kennen gelernt, die solange aufgeschlossen, interessiert und aktiv am Leben teilnehmen, wie sie ihr jeweiliges Ziel noch vor Augen haben. Mit dem Erreichen des Zieles finden sie sich dann regelmäßig in einem Labyrinth chaotischer Gefühle und widersprüchlicher Gedanken wieder.
„Das soll es nun gewesen sein? War das Alles? Ich hatte doch eigentlich eine gute und vielversprechende Zeit, warum habe ich die Orientierung verloren?"

Die Antwort ist, diese Menschen hatten nie eine Orientierung. Nicht, dass sie keine Orientierung hätten haben können. Doch sie haben den Bau von Luftschlössern vorgezogen. Sie haben möglicherweise sogar die Vorgehensweise bei der Erbauung bis ins Detail beachtet. Sie fingen mit dem Fundament an und bauten darauf weiter. Gerade deswegen ist das Ergebnis im wahrsten Sinne des Wortes auch so niederschmetternd.

Ein Luftschloss bleibt ein Luftschloss. Es wird nicht lange stehen und den in der Regel hohen Ansprüchen genügen. In solchen Fällen spricht man auch von Hyperaktivität bei Erwachsenen. Diese Hyperaktivität dient oft als Abwehrmechanismus gegen Depressionen. Diese Menschen haben schlicht Angst davor, nicht mehr in Gang zu kommen, und fühlen sich daher immer am wohlsten, wenn sie sich einer gewissen Spannung ausgesetzt fühlen und diese nach belieben forcieren können. Hier werden einzig „Pseudoziele" verfolgt.

Mit anderen Worten, das, was hier als Ziel definiert wird, dient in erster Linie als Mittel zum Zweck.

Im Ergebnis wird also versucht, sich mit einem Problem zu arrangieren, anstatt es einer Lösung zuzuführen.

Warum führe ich Beispiele wie diese überhaupt an? Habe ich es vielleicht auf Ihre gute Laune abgesehen? Mitnichten! Ich möchte anhand des oben angeführten Beispiels ganz deutlich aufzeigen, wie wichtig echte Ziele sind und vor allem die Auseinandersetzung damit.

Denn: Jedes erreichte Ziel, ja, sogar jedes Etappenziel, verändert Ihr Leben. Und Veränderungen sind immer gut. Sie bergen wichtige Erkenntnisse, die das Potenzial haben, inneren Frieden bewirken zu können. Aber das ist nicht so, weil jemand wie ich Ihnen das versichert, sondern weil es Ihrem eigenen Gefühl entspricht.

Das glauben Sie mir nicht? Dann fühlen Sie nach! Versuchen Sie in ein paar ruhigen Minuten, diese gedanklichen Zusammenhänge von allen Seiten zu beleuchten.

Lassen Sie Ihre Gedanken fließen, denken Sie einfach weiter, egal was Ihnen durch den Kopf geht!

Während Sie das tun, werden Sie wahrscheinlich schon wahrnehmen, wie sich Veränderungen ankündigen.

Und sodann werden Sie auch spüren, wie sie geschehen.

Der eine Seestern, der überlebte

Und irgendwann in einer solchen ruhigen Phase, in einer Phase des inneren Friedens, werden Sie das Gefühl bekommen, dass Sie diese Welt gerne etwas besser machen würden. In diesem Moment, spüren Sie das starke Bedürfnis, diesen Frieden mit anderen Menschen zu teilen. Später werden Sie dieses Gefühl nicht mehr so ernst nehmen wollen. Sie werden es möglicherweise als sentimentalen Augenblick werten, denn wer sind Sie denn, dass Sie die Welt verändern könnten?

Anlässlich des 50. Jahrestages der Vereinten Nationen im Jahre 1995, hielt der indische Geistliche Rajinder Singh eine Ansprache vor Führungspersönlichkeiten des religiösen, politischen und sozialen Bereichs, in die er folgende kleine Geschichte integrierte:

„Es ging einmal ein Mann den Strand entlang, als er in der Ferne einen anderen Mann erblickte, der etwas aufhob, herumwirbelte und schließlich dann weit ins Wasser warf. Der Mann wiederholte diese Bewegung immer wieder, bis der Erstere neugierig wurde, auf den anderen zuging und ihn fragte: 'Was machen Sie da?` Der Mann erwiderte: 'Ich werfe Seesterne ins Meer zurück. Wenn ich das nicht tue, werden sie alle am Strand verenden.` Der erste Mann blickte den Strand entlang und meinte: `Es sind doch Tausende Seesterne hier am Strand. Welchen Unterschied macht das überhaupt?´ Ohne zu zögern, nahm der zweite Mann einen Seestern, warf ihn ins Wasser und sagte: `Für diesen Einen macht es einen Unterschied!`"

Diese kleine Geschichte verdeutlicht: Sie können die Welt in einem einzigen sentimentalen Augenblick verändern. Verändern Sie Ihre Welt, beginnen Sie mit Ihrer eigenen Wandlung. Und nun können Sie diese Welt nach außen tragen und andere daran teilhaben lassen.

Die inhaltlose Fülle

Und noch etwas ist oft in solchen sentimentalen Momenten zu finden: Die Tür zu Ihrer Vision. Denn die

134

Reise dorthin, die Reise zu dieser Tür, hat stets sehr viel mit dem Aufheben von Grenzen zu tun.

Viele Menschen meinen, Sie könnten keine Grenzenlosigkeit erleben, weil sie Grenzen als eine Art der Sicherheit empfinden. Eines gilt jedoch für alle Menschen: Haben sie einmal alle Grenzen losgelassen, werden sie die Grenzenlosigkeit immer wieder verspüren wollen - denn sie ist der einzige Ort, wo wirkliche Sicherheit zu finden ist.

Grenzenlosigkeit birgt nichts Negatives, im Gegenteil. Sie erfüllt. Diese Fülle kann nicht begrenzt werden, weil sie kein Inhalt ist, sondern ein Zustand. Es ist im wahrsten Sinne eine inhaltlose Fülle - schon aufgrund dessen, dass, wenn von einem Inhalt gesprochen wird, immer davon ausgegangen werden kann, dass dieser Inhalt durch irgendeine Form seine Begrenzung erfährt.

Hier zeigt sich die Armut der menschlichen Sprache: Besonders erhabene Momente sind schlichtweg schwer zu beschreiben.

Lassen Sie mich hier wiederum ein Bild verwenden, das meiner Meinung nach einen richtungsweisenden Eindruck vermittelt.

Erinnern Sie sich an einen wunderschönen Sonnenuntergang? Wenn ja, was hat Sie am meisten berührt? War es die grenzenlose Ausdehnung am Himmel? Oder waren es die vielen unterschiedlichen Farbabstufungen am Horizont? War es das Glühen dieser Farben, oder war es die Selbstverständlichkeit, mit der alles andere um Sie herum plötzlich an Bedeutung verlor?

Vielleicht war es ja auch der Friede, der in Ihrem Geist aufstieg und Sie ganz und gar erfüllte? Es lässt sich nicht analysieren und auch nicht gänzlich in Worte fassen.

Wohl wissend, dass er den Kern der Sache nicht treffen kann, hat der chinesische Philosoph und Begründer des Taoismus, Laotse, versucht, die inhaltlose Fülle in Worte zu fassen. Er hat es das „wu wei" genannt, das „Nichtagieren", das vollkommene „Sichhingeben" an den Fluss der Zeit, das vollständige Loslassen aller individuellen Begrenzungen.

Erst diese Leere macht die Erfahrung der vollkommenen Fülle möglich. Sie passt jedoch nicht in unsere gewohnten Muster des Denkens und des Wissens. Die inhaltlose Fülle ist überrational, und um sie völlig zu begreifen, fehlt uns Menschen offensichtlich ein Sinn.

Trotzdem sollte dieses Fehlen keineswegs ein Bedauern bei Ihnen auslösen. Sehen Sie es einmal so: Alle Formen, die Sie im Äußeren optisch wahrnehmen, manipulieren mitunter Ihre geistige Sicht. Wie sonst könnte es zu so vielen Begrenzungen in Ihrem Kopf kommen?

Sie entschuldigen bitte die direkte Ansprache; es ist nicht persönlich gemeint, denn es betrifft jeden Menschen. Diese Tatsache, bewusst angenommen, bietet immer wieder eine Gelegenheit zur Entgrenzung. Ebenfalls für jeden Menschen.

Stellen Sie sich einmal vor, Sie befänden sich inmitten des Pazifiks auf einem kleinen Ruderboot. Sie sind der einzige Überlebende einer Schiffskatastrophe.

Wasser, überall Wasser. Nichts als Wasser. Dennoch nehmen Sie rational den Horizont um sich herum als Begrenzung wahr.

Sie sind nun schon seit zwei Tagen auf dieser Nussschale, und nehmen rational immer noch diese Begrenzungen in Form des Horizonts wahr. Doch es können nicht mehr dieselben Grenzen sein, weil in den zwei Tagen Bewegung statt gefunden hat. Machen Sie sich das bewusst. Das einzige Beständige, ist die Veränderung. Wenn Sie sich diese Tatsache nicht klar machen, und dementsprechend im übertragenen Sinne mental Grenzen überwinden, werden Sie wahnsinnig, bevor Sie den rettenden Frachter am Horizont wahrnehmen.

Grundsätzlich müssen Sie aber nicht erst mutterseelenallein auf dem Pazifik gewesen sein, um Grenzen in Ihrer Wahrnehmung zu überwinden und Veränderungen, auch jenseits des Rationalen, bewusst zulassen zu können.

Das Leben an sich strebt nach Grenzenlosigkeit, neigt vom Körperlichen zum Geistigen, vom Habenwollen zum Sein. Im Kapitel „Die Inspiration Leben" bin ich bereits darauf eingegangen.

Wenn ein Fluss begradigt wird, sein Lauf verändert und die Wassermenge, die er mit sich führen kann, begrenzt wird, wird er über kurz oder lang über seine Ufer treten und seinen natürlichen Lauf suchen. Dann können Menschen noch so viele Dämme bauen, er wird nicht mehr zu halten sein.

Die Folgen dieses menschlichen Tuns werden dann als „Naturkatastrophen" bezeichnet, aber sie sind nur die sichtbaren Beweise, dass unnatürliche Grenzen wieder überwunden werden.

Die Augen des Visionärs

Dieses Beispiel können Sie nun einmal auf die rein geistige Ebene übertragen. Auch hier geht es immer wieder um Grenzen, beziehungsweise, um die ursprüngliche Grenzenlosigkeit, die jedem Menschen innewohnt. Vielleicht äußert es sich bei Ihnen in Form einer Sehnsucht nach dem Leben, oder in Form einer Sehnsucht nach einer Erfahrung, die Ihnen das Leben lebenswert erscheinen lässt.

Wie auch immer es sich bei Ihnen äußern mag, eines scheint sicher zu sein: Schon eine kleine Ahnung des Gefühls, das zu dieser Erfahrung führt, lässt Sie nicht mehr innehalten und führt Sie intuitiv auf den richtigen Weg, Ihrer persönlichen Grenzenlosigkeit entgegen.

Das wird Auswirkungen haben, die Ihre individuellen Sichtweisen verändern und die sich direkt auf Ihre Umwelt auswirken. Diese Auswirkungen werden positiv sein, denn Ihre veränderten Sichtweisen haben zur Folge, dass Sie weniger urteilen, weniger voreingenommen sind - eben weniger Grenzen haben - und werden somit für alle inspirierend und bereichernd sein. Denn nun leben Sie durch die Fülle, für die Fülle und in der Fülle.

Und auch wenn keine begriffliche Erklärung dieser alles umfassenden Fülle gerecht wird, so kann sie doch direkt durch Menschen zum Ausdruck kommen.

Sie kann in den Augen der Menschen gelesen werden, die diese Erfahrung einmal gemacht haben.

Ich möchte in keiner Weise pauschalisieren, doch ich persönlich empfinde immer wieder einen direkten Zusammenhang zwischen Humor und einer gewissen Erkenntnis, die in dem jeweiligen Leben bereits erfahren wurde. Menschen, die nicht nur die oberflächlichen Erscheinungen bemerken, sondern durch diese Erkenntnis die Fähigkeit gewonnen haben, die Zusammenhänge jenseits der Oberfläche wahrzunehmen, haben überwiegend einen zufriedenen humorvollen Gesichtsausdruck.

Denn sie sind nicht mehr ausschließlich und immer mit Ihrem eigenen Denken und Handeln befasst. Ihnen geht es um etwas Anderes: Darum, die materielle Welt zu meistern, ohne von ihr oder durch sie beherrscht zu werden. Denn sie haben durch die Erfahrung der Fülle erkannt, dass jede Sucht, jedes Besitzergreifen und jedes Festhalten zu Frustration und Leiden führt. Dies wiederum führt dann zu diesem tierischen Ernst, den so viele Menschen offenbar empfinden, und der sie davon abhält, Genuss und Sinnlichkeit wirklich zu leben.

Das unnötige Leid

Vielleicht denken Sie jetzt, dass die Erfahrung dieser Fülle für Sie persönlich nicht, oder noch nicht machbar sei. Vielleicht denken Sie auch, es bedürfe einer gewissen Vorbereitungszeit, und dass Sie noch sehr viel an sich arbeiten müssten, um eine solche Erfahrung überhaupt machen zu können.

Wenn dies so ist, dann fragen Sie sich der Vollständigkeit halber auch, wie Sie zu diesen Gedanken kommen. Denn eigentlich wollen Sie ja die Erfahrung der Grenzenlosigkeit machen. Und Ihre ersten Gedanken hierzu sind nichts weiter als erneute Grenzen, die Sie sich selbst setzen.

Es gibt Menschen, die hier von hausgemachten Problemen reden würden.

Trotzdem: Wenn Sie sich die Erfahrung der inneren Grenzenlosigkeit noch nicht zutrauen, dann überlegen Sie, was in Zukunft in Ihrem Leben geschehen müsste, um dieses Zutrauen zu finden?!

Sie werden keine Antwort finden, mit der Sie sich wirklich zufrieden geben könnten. Und vielleicht löst diese Tatsache bei Ihnen den Reiz aus, sich weiter mit dieser Frage zu beschäftigen.

Ich empfehle Ihnen: Folgen Sie diesem Reiz. Bedienen Sie sich Ihres freien Willens. Stellen Sie sich klare Fragen und erwarten Sie klare Antworten. Machen Sie sich Gedanken über die Erwartungen, die Sie ans Leben stellen. Lassen Sie dann in Ihrer persönlichen Lebensvision hohe Erwartungen zutage treten. Denn es ist tatsächlich so, dass im Ergebnis die eigenen Erwartungen selten übertroffen werden.

Oder anders formuliert: Die Erwartungen die Sie pflegen, bestimmen meistens die Obergrenze des für Sie persönlich Möglichen.

Diese Gedanken, zu Ende gedacht, beinhalten auch den Aspekt, dass es durchaus vernünftig sein kann, unvernünftige Ziele anzustreben... Nur Sie können das bestimmen; denn es geht um Ihre Vorstellungen, Ihre Erwartungen und Ihr Leben!

Also, überwinden Sie Grenzen, nehmen Sie sich bewusst wahr. Sie können dabei nichts verlieren. Im Gegenteil. Mit jedem Schritt in diese Richtung wird Ihr Vertrauen gestärkt, dass Sie sich auf einem guten Weg befinden. Und auch wenn Sie noch nicht daran glauben können, geben Sie zumindest der Möglichkeit eine Chance! Lösen Sie sich von den Gedanken und Gefühlen, die Ihnen mitteilen, Sie müssten erst ein tiefes Tal durchschreiten, um später einen Gipfel zu erreichen. Dem ist nicht so! Wie oft und wie lange Sie leiden, hängt von Ihrer Bereitschaft ab, sich zu begrenzen oder begrenzen zu lassen.

Es gibt sehr viele Menschen, die auf dem Weg zu einem Ziel bewusst großes Leid ertragen.
Rückblickend behaupten Sie dann sogar oftmals, das Leiden hätte sich gelohnt. Meiner Meinung nach zeigt dies nur, dass es möglich ist, für wirklich jeden Aspekt des Lebens einen Zeugen zu finden.
Ich denke, dass es keine entscheidende Rolle spielt, ob Sie persönlich auf Ihrem Weg, wohin auch immer, leiden oder nicht leiden. Entscheidender ist, ob alles im Fluss ist. Denn Leben fließt, egal ob Sie diesem Fluss zustimmen, oder ob Sie ihn ablehnen.
Wenn Sie ihn ablehnen, errichten Sie Grenzen. Wenn Sie ihn aber freudig empfinden können, dann haben Sie sozusagen den „geistigen Jackpot" gewonnen.

Denn jetzt können Sie Ihre Vision erkennen. Ihre persönliche Lebensvision, wie auch immer sie aussehen mag, ist endlich begreifbar für Sie geworden. Denn Visionen werden Sie dort finden, wo Sie zuvor Grenzen wahrgenommen - und losgelassen haben.

Die Frage aller Fragen

Ich werde regelmäßig danach gefragt, wie man sich wirklich ganz sicher sein könne, seine persönliche Lebensvision erkannt zu haben.

Mit dieser Frage begann vor einigen Monaten ein sehr interessantes Gespräch, das ich im Anschluss an ein Managementseminar mit einem der Teilnehmer führte.

Ohne direkt auf die mir gestellte Frage einzugehen, stellte ich die Gegenfrage, ob mein Gegenüber denn grundsätzlich in Betracht ziehen würde, seine persönliche Lebensvision bereits gefunden zu haben.

Er bejahte insbesondere die Vokabel 'grundsätzlich`. Nur wisse er nicht, wie er seine Vision umsetzen könne, und daher dächte er immer öfter darüber nach, ob dies überhaupt seine Vision sei.

An dieser Stelle fing das Gespräch an, interessant zu werden. Denn genau dieser Punkt, also das „nicht wissen wie", ist meiner Meinung nach ein wesentlicher Aspekt einer Vision.

Visionen, so sagte ich ihm, seien immer mit intensiven Gefühlen verbunden, und genau diese Gefühle sorgten letztendlich dafür, dass Visionen gelebt würden. Daher solle man diesen Gefühlen immer einen positiven Rahmen geben.

Wie ich dieses denn meine, wollte mein Gesprächspartner wissen. Und hier waren wir genau an einem wesentlichen Punkt: Bei der Vorstellung von Visionen sollte man das „Wie" nach Möglichkeit vermeiden, zumindest dann, wenn man den Weg zur Verwirklichung seiner Vision nicht klar vor Augen hat, was größtenteils sicherlich der Fall ist.

Warum? Wenn Sie etwas nicht wissen, aber meinen, es wissen zu müssen, entstehen schnell emotionale Blockaden, die zu Frust führen. Ebenso frustrierend ist es, wenn eine Erwartungshaltung, was wann zu geschehen habe, immer wieder enttäuscht wird.

So kommt es zu einem negativen Rahmen, der zur Aufgabe der Idee, die eine Vision hätte werden können, führen kann.

In diesem Moment geben Sie Ihre Möglichkeiten auf. Sie sind frustriert. Und das, was frustriert und erschöpft, ist dann eigentlich „nur" die Nicht-Inanspruchnahme Ihrer Möglichkeiten, beziehungsweise Ihrer Potenziale.

Über dies und mehr sprachen wir, letztendlich mit dem Ergebnis, dass es bei der Entfaltung von Visionen stets zu einer kreativen Spannung kommt, die jedoch voraussetzt, dass man sich immer das „Was" der Vision vor Augen hält - selbst wenn irgendwelche Umstände zuweilen nicht dafür sprechen. Diese kreative Spannung führt zu einer Art des Erkennens der eigenen Vision, die ein Zulassen dieser Vision nach sich zieht.

Die Eindeutigkeit der Vision

Nicht das Erkennen ist das Maßgebliche an diesem Vorgang, sondern das Zulassen. Ohne dieses Zulassen bleibt die Vision nur ein Traum - ein Tagtraum, ein Luftschloss, ein Ablenkungsmanöver, oder was auch immer. Erst durch dieses Zulassen macht sich das eigene, bisher ungenutzte Potenzial bemerkbar und es wird eine Kraft freigesetzt, die jeder Mensch als absolut neu und außergewöhnlich erfährt. Und diese Kraft wächst mit der Größe der Vision.

Wenn Sie eine klare, erstrebenswerte Vision vor Augen haben, halten Sie daran fest! Wenn Sie Ihnen zu entgleiten droht, machen Sie sich bewusst, woran Sie diese Vision überhaupt erkannt haben. Erinnern Sie sich: Sie erkannten die Vision an ihrem ungewöhnlich starken Aufforderungscharakter, die in Ihnen eine bisher nicht gekannte Leidenschaft wachrief, und alle Grenzen in Ihnen schienen zu schmelzen. Sie fühlten sich überzeugt und Sie fühlten sich motiviert - Sie fühlten sich Ihrem Lebenssinn vielleicht näher denn je, Ihrem Ego vielleicht ferner denn je. Denn auch dies ist ein untrügliches Zeichen einer Vision: Die Vision hat stets mit anderen Menschen zu tun.
Ihre Vision erzeugte in Ihnen das Gefühl eines übergeordneten Zwecks. Und sie wird es wieder tun, wenn Sie dieses Bewusstsein erneut zulassen.

Wenn Sie nun feststellen, dass Sie noch keine Lebensvision haben, sich aber angespornt fühlen, eine solche zuzulassen, nehmen Sie sich Zeit dafür. Wochen, Monate, Jahre, so viel Zeit, wie Sie brauchen. Denn eine Vision entfaltet sich nur in den seltensten Fällen von heute auf morgen. Wenn Sie aber den Wunsch in sich verspüren, es sofort wissen zu wollen, dann stellen Sie sich folgende Frage:

Wofür wäre ich bereit, auf der Stelle zu sterben?

Wenn Sie auf diese Frage eine Antwort finden, dann wissen Sie auch, wofür es sich lohnt - nicht zu sterben, sondern zu leben!

Denn in dieser Antwort liegt Ihre Lebensvision verborgen.

Epilog

Erst der freie Fluss der Energien
ermöglicht die Entfaltung aller Potenziale.
Diese Entfaltung ist immer tiefgreifend.

Weil diese Entfaltung jede Vision zum
Leben erweckt.

SÉLAN

Menschlichkeit gewinnt

Wenn Du Andere glücklich sehen willst,
übe Dich in Mitgefühl.
Wenn Du selbst glücklich sein willst,
übe Dich in Mitgefühl.

Dalai Lama
Tibetischer Religionsführer

Die Überschrift dieses Kapitels ist nichts anderes als das Ergebnis aus unterschiedlichen Lebensabläufen, die ich beschrieben habe, denen wir uns alle auf die eine oder andere Weise stellen werden.

Was ist eigentlich unter Menschlichkeit zu verstehen und warum kann es mitunter so schwer fallen, sich menschlich zu verhalten? Diese Gedanken führen direkt zum Thema der Dualitäten, der Zweiheiten, der Polarität zweier Faktoren.

Das, was sich hier im ersten Moment kompliziert darstellt, reduziert sich schließlich zu Begriffen wie Zwiespältigkeit oder Gegensätzlichkeit, die sich immer aus der Qual der Wahl ergeben.

Eigenschaften wie Güte, Großzügigkeit, Ehrlichkeit und Mitgefühl werden „gehandelt", als müssten sie durch besondere Leistungen erst einmal „verdient" werden, um sie dann selbst als Charaktereigenschaften annehmen zu können.

Tatsächlich ist es aber so, dass diese Eigenschaften selbstverständliche Leistungen sind, die zwar bewundert, aber nicht begehrt werden!

Warum sollten Sie auch etwas begehren, was Sie bereits selbst seit jeher besitzen? Machen Sie sich das einmal klar. Ich behaupte, Sie sind im Grunde ein großzügiger, hochsensibler, mitfühlender, ehrlicher, verständnisvoller Mensch.

Wenn Sie an Menschen wie Gautama Buddha, Mahatma Gandhi, oder, zeitgenössisch, Mutter Theresa, den Dalai Lama oder Karl-Heinz Böhm mit seiner Organisation „Menschen für Menschen" denken, ist dann Ihr Herz nicht von vorneherein weit geöffnet? Wenn Sie von solchen Menschen hören, dann sind Sie auf einmal selbst, ohne es zu hinterfragen, mitten im Lebensfluss. Diese Menschen haben eine eindeutige Wahl getroffen, immer für die eine, menschliche Seite, und dafür werden sie verehrt und geliebt. Dazu gehört auch, dass sie die andere Seite kritisieren, offen und ohne Umschweife. Doch hierzu später mehr.

Der kleine Unterschied

Jeder Mensch steht in jedem Augenblick vor der Wahl, auch Sie, lieber Leser. Denn auf der anderen Seite werden Eigenschaften wie Habgier, Gemeinheit, Egoismus oder Kaltschnäuzigkeit oft in Verbindung gebracht mit positiv besetzten Begriffen wie Erfolg oder Ehrgeiz.

Entsteht die weitverbreitete Zwiespältigkeit beim Thema Menschlichkeit vielleicht aus der unbewussten, manchmal sogar bewussten Überlegung heraus, was es unterm Strich bringt?

Ich glaube, dass der eigentliche Grund der ist, dass Geben und Nehmen in dieser Welt immer noch als zwei entgegengesetzte Dinge betrachtet werden, und dass Geben immer noch bedeutet, etwas zu verlieren, nehmen immer noch, dass jemand anders etwas dafür verliert....

Und nun noch einmal zurück zu den großen Menschenseelen: Sie sind, respektive waren anerkannt, erfolgreich, verehrt - und zwar in einem kaum zu überbietendem Ausmaß.

Sie mögen jetzt vielleicht denken, dies seien ja wohl die großen Ausnahmen, und Sie haben damit nicht Unrecht. Die großen Ausnahmen sind, oder waren sie aber nicht aufgrund vieler glücklicher Zufälle, die ihnen zu ihrer Berühmtheit verholfen haben, sondern einzig und allein aufgrund der selten so gelebten Entschiedenheit, ja Kompromisslosigkeit für Menschlichkeit.

Was könnte Sie nun zu einer derartigen Entschiedenheit bewegen? Ich denke, ein ehrlicher Blick nach innen wäre der Anfang einer solchen Entwicklung...

Wenn man den Sinn des Lebens und den Umgang damit unabhängig von äußeren Gegebenheiten, also auf spirituelle Weise betrachtet, dann macht man die Erfahrung, dass Geben und Nehmen ein und dasselbe ist. Das ist die Wahrheit, die zur Menschlichkeit führt.

Spätestens jetzt wird der eine oder andere meiner Leser Räucherstäbchen auf meinem Schreibtisch vermuten und in vielem was ich bisher geschrieben habe, religiöse, esoterische oder mystische Ausrichtungen interpretiert zu finden meinen. Doch das trifft nicht zu. Ich möchte weder irgendetwas bewusst ausschließen noch irgendetwas bewusst hervorheben aufgrund einer Religions- oder anderweitigen Zugehörigkeit.

Es ging mir einzig um das Leben mit den unterschiedlichen Empfindungs- und Ausdrucksmöglichkeiten. Und dazu gehören insbesondere die Aspekte der Spiritualität. Dies trifft auf alle Bereiche des Lebens zu, völlig egal an welchem Ort und zu welcher Zeit.

Daher finde ich es keineswegs verwunderlich, dass diese spirituellen Aspekte immer mehr Berücksichtigung finden, mittlerweile sogar bei erfolgreichen Wirtschaftsunternehmen.

Man geht dort zunehmend mehr davon aus, dass sowohl konservative, als auch moderne Geschäftsstrategien ihre Grundlagen in geistigen Werten haben und auch stets mit ihnen einhergehen.

In diesen Unternehmen werden Misstrauenskulturen und Kontrollmechanismen ersetzt durch Vertrauen und Wertschätzung. Dies äußert sich in der Praxis so, dass Fehler zugelassen werden können, weil der Ehrgeiz und die Fähigkeit vorausgesetzt werden, aus diesen Fehlern zu lernen.

Fragen werden als mindestens genauso wertvoll angesehen wie Feststellungen, da sie immer zum Entdecken und zum Verstehen anregen.

Die Verantwortlichen und die Führungskräfte solcher Unternehmen haben erkannt, dass sie nie einen hundertprozentigen Zugang zum Wissen ihrer

Mitarbeiter bekommen werden, wenn sie ihnen nicht mit Respekt und Wertschätzung begegnen. Diesen Zugang nicht zu bekommen, wäre fatal im Zeitalter der globalen Wissensvernetzung.

Dies ist nur ein Aspekt, der dazu führt, dass Verantwortungswillen und Lernbereitschaft der Mitarbeiter nicht mehr unterschätzt oder unterdrückt, sondern unterstützt und gefördert werden.

Genau diese wahrgenommene und gelebte Spiritualität, also der bewusste Umgang mit geistigen Werten - nichts anderes ist ja Spiritualität - prägt jeden Menschen und macht erst seine Individualität aus. Und je intensiver sich die Menschen in ihrer Individualität, was auch heißt, mit ihrer eigenen Spiritualität, also ihren eigenen geistigen Werten, respektiert fühlen, umso erfolgreicher wird ein Unternehmen sein.

Warum? Weil die Erhaltung oder Steigerung ihres persönlichen Lebensstils, ihres Egos, dann bei weitem nicht mehr die wichtigsten Gründe sind, warum sie für dieses Unternehmen arbeiten.

Der Schatz im Acker

Übrigens schließen sich Spiritualität und Bodenständigkeit keineswegs aus. Im Gegenteil! Ich gehe sogar so weit, zu behaupten, dass sich Spiritualität und Bodenständigkeit in der Konsequenz gegenseitig bedingen.

Ich empfinde mich beispielsweise sowohl als spirituellen Menschen, als auch als jemanden, der ziemlich fest mit beiden Beinen auf dem Boden steht. Ich bin aufgeschlossen, rauche nicht, trinke nicht und treibe regelmäßig Sport (keine Angst, dies ist keine Bekanntschaftsanzeige. Ich will Sie auch nicht heiraten, denn ich bin bereits vergeben...).

Ich rede gerne, schreibe gerne, höre aber auch sehr gerne zu. Ich habe eine große Leidenschaft dafür, mich mit Menschen zu beschäftigen, weil ich der Meinung bin, dass das Leben eines jeden Menschen dem in der Bibel beschriebenen Acker gleicht, in dem ein Schatz verborgen ist. Und diese Beschäftigung mit Menschen erlebe ich mittlerweile meistens unabhängig von den jeweiligen äußeren Gegebenheiten. Über all das habe ich nachgedacht und daraufhin versucht, meine Empfindungen und Wahrnehmungen für mich nachvollziehbar zu gestalten.

Das verstehe ich unter Spiritualität, die nur einen von Menschlichkeit geprägten Umgang zur Folge haben kann.

Ich möchte darauf hinaus, dass Sie es, völlig unabhängig von äußeren Gegebenheiten oder auch äußerlichen Unterschieden, immer mit Menschen zu tun haben, die sich auf einem Weg befinden, in der Hoffnung, dass dieser Weg sie glücklich machen wird. Dies gilt im Übrigen auch für Ihr Spiegelbild. Wenn bei dieser Hoffnung der Moment nicht vergessen wird, ist auch immer eine reelle Chance vorhanden, das Glück wirklich zu erfahren.

Niemand will unglücklich sein und niemand will leiden. Wir sprachen darüber....

Alle Bedürfnisse und alle Sorgen eines jeden Menschen werden Sie in jedem Moment nachvollziehen können, in dem Sie sich darauf einlassen. Um sich darauf einlassen zu können, müssen Sie sich auf die Suche nach dem Schatz im Acker begeben. Versuchen Sie es einmal! Sie werden staunen, was dort alles vergraben liegt.

Die Macht des Geldes

Viele Menschen haben die Gabe des Staunens verloren, weil sie davon ausgehen, dass sie keine Zeit mehr haben, einfach einmal in sich zu gehen.

Und so wird das Leben zu einem Reigen von Wiederholungen, die immer wieder nur die Erfahrungen mit sich bringen, die längst bekannt sind. Und irgendwann einmal findet man dort, wo vormals die unbegrenzten Weiten der Visionen verborgen lagen, nur noch das Land der verlorenen Träume.

Lassen Sie es nicht soweit kommen!

Begeben Sie sich auf den Weg! Hören Sie ruhig genau zu, auch wenn Sie dabei den Eindruck bekommen, dass jeder um Sie herum nur von „Gewinn" in den verschiedensten Varianten redet. Nehmen Sie teil an dem, was um Sie herum geschieht, indem Sie nachfragen. Denn was bedeutet das denn überhaupt, der Gewinn?

Es gibt Schätzungen, die davon ausgehen, dass pro Jahr weltweit etwa zwölf Millionen Kinder unter fünf Jahren an den Folgen von Hunger sterben. Diese Relationen berücksichtigend noch einmal:

Was bedeutet Gewinn? Verstehen Sie mich bitte richtig: Ich will Ihnen kein schlechtes Gewissen einreden, denn Sie können persönlich nichts dafür, dass Sie nicht in der Dritten Welt geboren wurden. Nur, was haben Sie daraus gemacht, dass Sie hier geboren wurden, und dadurch mehr Möglichkeiten haben?

Genießen Sie Ihr Leben! Lassen Sie es ruhig einmal richtig „krachen"! Aber nehmen Sie alle Ihre Möglichkeiten wahr, in alle Richtungen!

Machen Sie sich bewusst, dass Sie Gewinn erst einmal leben sollten, bevor Sie ihn erzielen. Und wenn das getan wird, dann werden die Überlegungen, ob und wie Gewinn erzielt wird, überflüssig.

Denn Gewinn an sich ist nur ein Ergebnis der Flexibilität und der Offenheit gegenüber den sich täglich bietenden Gelegenheiten. Dem Wort „täglich" sollte in diesem Zusammenhang eine besondere Bedeutung zukommen. Und die Worte Gewinn, Flexibilität und Offenheit, sollten in ihrer Bedeutung auch nicht nur auf den schnöden Mammon reduziert werden. Denn dass Geldzahlungen, in welcher Form auch immer sie stattfinden, nicht die einzigen Verbindungen zwischen Menschen sind, ist wohl ohne weiteres in jedem Bewusstsein nachvollziehbar.

Doch warum verhalten sich dann viele Menschen so, als sei Geld die einzige Nahtstelle, die Menschen verbindet? Hierzu gibt es sicherlich unterschiedliche Meinungen, mit sehr differenzierbaren Abwägungen.

Dem französischen Schriftsteller und Philosophen Voltaire wird folgende Aussage zugeschrieben:

"Die Menschen müssen ein wenig an der Natur herumgepfuscht haben. Denn obwohl sie nicht als Wölfe geboren wurden, sind sie zu Wölfen geworden."

Trotzdem ist es nicht so, dass der Mensch stets aus eigenen wirtschaftlichen Interessen heraus handelt, weil er nichts anderes als stetige Gewinnmaximierung im Kopf hat. Dazu können die meisten Menschen viel zu schlecht rechnen. Dies widerspricht zwar einem wesentlichen Postulat der klassischen Wirtschaftslehre, welches besagt, dass der Mensch ein wirtschaftlich vernünftiges Wesen sei.

Hätte man solche Aussagen zur damaligen Zeit zu Konkurrenzprodukten der Gebrüder Grimm aufgearbeitet, dann wären diese aller Wahrscheinlichkeit nach verhungert.

Sehen Sie sich um - die meisten Menschen scheinen viel mehr an Macht, an Spiel, an Spaß und Sex interessiert zu sein, als daran, wirtschaftlich vernünftiges Handeln an den Tag zu legen.

Die angeführten Bereiche schließen zwar nicht zwingend wirtschaftlich nachvollziehbares Handeln aus. Trotzdem läuft es oft darauf hinaus.

Dies sind auch die Bereiche, in denen am meisten Geld ausgegeben und demzufolge auch verdient wird.

Was bedeutet das alles nun im Ergebnis? Es bedeutet, dass Geld wichtig ist. Es ist wichtig, um eine gewisse Ordnung in sozialen Systemen zu gewährleisten. Wir brauchen es, um am wirtschaftlichen Leben teil zu nehmen. Nicht weniger, aber auch nicht mehr ist Geld wert. Doch für viele Menschen wird Geld zur Projektionsfläche für alle Wünsche und Sehnsüchte.

Menschen werden in Abhängigkeit zu ihrem Geld, zu ihren Autos, zu ihrer Kleidung beurteilt.

Menschen fühlen sich in den Wahnsinn getrieben, wenn sie einen materiellen Status nicht aufrechterhalten können. In erstaunlich vielen Ländern dieser Welt gibt es Menschenhandel. Und auch das nur um des Geldes Willen, und sicher nicht aus Gründen der Nächstenliebe.

Viele Beispiele könnten hier noch angeführt werden. Bestimmt fällt auch Ihnen das eine oder andere dazu ein.

Glauben Sie mir: So viel kann kein Geld dieser Welt wert sein.

Doch was verbirgt sich hinter dieser Projektionsfläche, und wofür steht sie?

Ich bin davon überzeugt, dass hinter allen Projektionsflächen, die ja auch erst durch Gedanken und Überlegungen entstehen, wieder das Urmotiv aller sozialen Existenz zum Ausdruck kommt. Und dies ist der Wille, Ruhm und Ehre zu erfahren, verbunden mit dem Wunsch, maximale Wertschätzung und Anerkennung entgegen gebracht zu bekommen. Wie selbstverständlich werden diese Attribute in Abhängigkeit zu Geld gesehen. Hierfür steht Geld...

Egogesteuerter Wahnsinn!

Die bereits erwähnte Anerkennung, die beispielsweise der Dalai Lama erfährt, hat mit Geld oder äußerem Reichtum gar nichts zu tun. Er steht für Gewaltlosigkeit und Völkerverständigung, auf der Basis von Liebe und Mitgefühl. Und genau das ist die Sehnsucht, die alle Menschen antreibt. Die Liebe und das Mitgefühl, über die viel zu viel theoretisiert und die viel zu wenig gelebt werden. Warum werden sie nicht gelebt, warum wird dieser Fluss nicht zugelassen? Weil sich viele Menschen aufgrund von Ungeduld,

Zweifel und Misstrauen entschieden haben, dem Geld den Status der Liebe und des Mitgefühls zu verleihen.

Tun Sie sich selbst einen Gefallen:
Gehen Sie in sich, und suchen Sie Ihren eigenen inneren Wert. Dieser Wert setzt sich zusammen aus Liebe und Mitgefühl. Entdecken Sie ihn nach und nach, nehmen Sie ihn an und tragen Sie ihn nach außen! Wenn Sie das tun, leben Sie in Ihrem Selbstbewusstsein. Das ist die Grundlage für wirklichen Erfolg.
Dadurch, dass Sie Ihren inneren Reichtum nun nach außen getragen haben, sind Sie äußerlich nicht arm geworden, im Gegenteil. Sie haben Blockaden abgebaut, und haben die Voraussetzung geschaffen für ein reiches Leben. Und das ist der Weg, der den Erwägungen zugrunde liegt, Gewinn zu leben, bevor er erzielt wird.
Zeigen Sie den Menschen, mit denen Sie umgehen, wer Sie sind. Seien Sie Mensch, zeigen Sie Ihre Gefühle. Jetzt fragen Sie sich vielleicht, was das mit Gewinn zu tun hat? Ich sage Ihnen: Sehr viel!
Wenn Sie sich „angewöhnen", in jedem Moment Sie selbst zu sein, dann werden Sie sich dadurch bedingt gleichzeitig „abgewöhnen", Ballast mit sich herumzuschleppen. Wenn Ihnen in diesem Moment zum weinen ist, dann weinen Sie. Wenn Ihnen danach ist, dann weinen Sie sich doch die Augen aus dem Kopf! Warten Sie nicht damit! Oder müssen Sie gerade lachen? Lachen Sie bis Ihnen die Tränen kommen. Jesus sagt im Neuen Testament: „Jeder Tag hat seine eigene Last." Ich gehe sogar so weit, zu sagen, jeder Moment hat seine eigene Last.

Tragen Sie nicht Dinge mit sich herum, die Sie daran hindern, den nächsten Moment in vollem Umfang erleben zu können! Leben und verarbeiten Sie jeden Moment sofort. Nur dann gewinnen Sie den ganzen Augenblick...

Sie denken jetzt vielleicht: „ Na ja, ob SÉLAN gerade nicht doch ein wenig übertreibt? Der macht ja ein ganz schönes Fass auf."
Ich sage Ihnen etwas: SÉLAN übertreibt nicht. Er erreicht gerade seine Betriebstemperatur.

Power durch Intimität

Ich habe festgestellt, dass eines der destruktivsten Elemente in zwischenmenschlichen Beziehungen, die Unfähigkeit ist, das, was gefühlt wird, direkt mitzuteilen. Doch gerade das macht das Leben aus, genau das macht jede zwischenmenschliche Verbindung interessant. Intimität ist sicherlich keine einfache Sache, aber das macht sie zum Erlebnis und somit zu einer Herausforderung an die menschliche Reife. Nutzen Sie die Spannung des Augenblicks. Nur so können Sie die Energien, die jeder Augenblick birgt, positiv für sich nutzen.

Kritisieren Sie, lassen Sie sich kritisieren! Gehen Sie keinem Streitgespräch aus dem Weg! Machen Sie sich bewusst, dass Sie jedem Menschen wirklich alles sagen können. Sie können beispielsweise Ihrem Chef ruhig vermitteln, dass er ein Vollidiot ist. Sie sollten nur Ihre Meinung begründen können, und darüber hinaus sollten Sie es nicht am nötigen Respekt fehlen lassen.

Wenn Sie diese Zusammenhänge leben, auf der Grundlage von Liebe und Mitgefühl, mit der Spannung des Augenblicks und den Energien der Intimität, wird sich Ihre Einstellung zu dieser Grundlage der Liebe und des Mitgefühls im Laufe der Zeit verändern. Diese Veränderung geschieht, weil Sie mehr und mehr spüren, dass Sie emotional nicht mehr von den Reaktionen Ihrer Mitmenschen abhängig sind. Dieses Gefühl wird Sie vielleicht auf der einen Seite freier durchatmen lassen. Auf der anderen Seite wird es Sie aber sicher auch zu Anfang etwas verunsichern. Was geschieht mit Ihnen? Sind Ihnen Ihre Mitmenschen gleichgültig geworden? Oder bilden Sie sich das alles nur ein?

Ich will versuchen, es im Folgenden zu erklären:
Die meisten Menschen suchen die Liebe im Äußeren.
Sie hoffen, diese Liebe bei einem Partner zu finden.
Hier gibt es viele Menschen, die, was die Partnerwahl betrifft, an Vorsehung glauben. Andere wiederum meinen, es sei Zufall, wenn sie einen Partner gefunden haben und zudem großes Glück, wenn sie lieben, beziehungsweise geliebt werden.
Ich behaupte, dass sehr viele Menschen die bedingungslose Liebe in sich noch gar nicht entdeckt haben.
Vielleicht wurde sogar schon einmal über so etwas wie bedingungslose Liebe nachgedacht. Aber solange diese Liebe noch ausschließlich im Außen gesucht wird, wird sie im Innern noch nicht erkannt und

zugelassen. Solange dieser Zustand währt, brauchen Menschen immer Jemanden, der ihnen sagt und zeigt, dass er sie liebt. Das hat zur Folge, dass diese Menschen mit Angst und Schrecken reagieren, sobald ihnen mit Liebesentzug gedroht wird, oder sie auch nur an Liebesentzug denken.

Wenn Sie demgegenüber wirklich lieben, empfinden Sie aus tiefsten Herzen den Wunsch, Ihr Glück mit anderen zu teilen. Sie erwägen nicht mehr von vorneherein, wem Sie die Gunst Ihrer Liebe zuteil werden lassen wollen. Sie stellen keine Bedingungen mehr. Und dies ist der Unterschied zur egoistischen Eigenliebe, deren Grundlage immer ein Habenwollen ist.

So gibt es zum Beispiel Menschen, die leiden, weil sie meinen, jemanden zu lieben, und diese Liebe nicht erwidert finden. Das ist meiner Meinung nach keine Liebe. Liebe erzeugt Freude, kein Leid. Es gibt tatsächlich nichts auf dieser Welt, das Sie jemals daran hindern könnte, jemanden zu lieben. Wird also in einer Beziehung, deren Grundlage angeblich Liebe ist, eine Abhängigkeit empfunden, liegt offenbar eine Art Störung vor. Derartige Beziehungen, die durch solche Störungen belastet sind, finden sich zwischen Eltern und Kindern, Freunden und Bekannten, zwischen Ehepartnern wie auch Geschäftspartnern.

Wenn nun solche Störungen erkannt werden, dann sollte das Fazit nicht das vorzeitige Ende dieser Verbindung sein. Im Gegenteil: Entlarven Sie die Störung. Stellen Sie fest, wo Sie wirklich in dieser Beziehung stehen und machen Sie sich bewusst, dass nicht diese Beziehung Sie führt, sondern Sie die Beziehung.

Also, einmal mehr das alte Lied: Sie haben Einfluss! Sie können nur das geben, was Sie bereits haben und nur das annehmen, wofür Sie bereits offen sind. Das erklärt übrigens auch, warum alle Menschen auf ein herzliches Lächeln, oder ein paar ehrlich gemeinte Worte stets aufgeschlossen reagieren.

Menschlichkeit birgt Liebe...,

Liebe macht glücklich, und Glück ist Ihr Ziel. Lassen Sie uns das einmal annehmen. Nun sollten Sie Folgendes berücksichtigen:
Das Jetzt wird zur Erinnerung.
Was bedeutet das für Sie? Sie sollten glückliche Gedanken denken. So werden mit der Zeit Ihre Erinnerungen nur noch glückverheißend für Ihre Zukunft sein.
Am Ende dieses Kapitels möchte ich den bereits 1968 verstorbenen deutschen Ingenieur, und ehemaligen Generaldirektor der VW AG, Heinrich Nordhoff zitieren.
Er sagte: "Bleiben wir fleißig, tätig, wach und aktiv. Tun wir etwas, handelnd, vorwärtsstrebend für unsere und unserer Kinder Zukunft, und versinken wir nicht in Wohlergehen und Üppigkeit, die noch nie die Menschen glücklich gemacht haben."

Ich denke, in diesem Satz zeigt es sich einmal mehr: Menschlichkeit kann nur gewinnen,...

Der Autor

SÉLAN, der Begründer der Bewusstseins-Energetik, ist unter seinem bürgerlichen Namen Uwe Preising als freiberuflicher Trainer und Berater für Personal- und Organisationsentwicklung tätig.

Seit einigen Jahren hält er Seminare und Vorträge unter anderem in deutschen und internationalen Unternehmen.

Trotz seines jungen Alters (Jahrgang 1963) kommt bei ihm die seltene Kombination aus langjähriger Erfahrung als selbständiger Unternehmer und selbstgelebter Bewusstseinsentwicklung zum Tragen.

Er begeistert seine Klienten und Zuhörer mit einem außergewöhnlichen und leicht umsetzbaren Konzept für ganzheitlichen Erfolg. Zu seinen Zielgruppen gehören Entscheidungsträger aus Management und Wirtschaft sowie Leistungssportler.

Informationen zu Trainings und offenen Seminaren können per eMail unter folgender Adresse erfragt werden:

u.preising@up-connection.de